COLLECTION J.-C. ROBINSON

Médailles Artistiques

CATALOGUE

MÉDAILLES ARTISTIQUES

DE LA RENAISSANCE

COLLECTION FORMÉE PAR

M. J.-C. ROBINSON

DONT LA VENTE AURA LIEU

HOTEL DROUOT, SALLE N° 4

*Le 19 Mai 1884, à deux heures
et les deux jours suivants*

Par le ministère de M⁰ DELESTRE, commissaire-priseur
6, rue Drouot, 6

Assisté de MM. ROLLIN et FEUARDENT, experts
4, place Louvois, 4

Cheʒ lesquels se trouve le présent Catalogue

PRIX : 6 FRANCS

EXPOSITION PUBLIQUE

Le Dimanche 18 Mai 1884, de 2 heures à 5 heures.

CONDITIONS DE LA VENTE

La vente aura lieu expressément au comptant.

Les acquéreurs payeront en sus des enchères *cinq pour cent* applicables aux frais.

L'exposition mettant le public à même de se rendre compte de l'état des objets, aucune réclamation ne sera admise une fois l'adjudication prononcée.

INTRODUCTION

On peut dire que la recherche des objets d'art de la Renaissance a été une des préoccupations du xix⁰ siècle. Cependant une catégorie tout entière de ces précieux monuments, les œuvres charmantes des médailleurs des xv⁰ et xvi⁰ siècles paraît avoir long-temps échappé aux investigations des principaux col-lectionneurs; restée la propriété incontestée des amateurs de médailles, leur entrée dans les grands cabinets artistiques ne date que d'une dizaine d'an-nées. Appréciées dès lors à leur juste valeur, elles ont bientôt atteint les prix élevés auxquels nous les voyons vendre aujourd'hui.

Il faut dire aussi que ces nouveaux acquéreurs étaient d'un goût plus délicat, qu'ils eurent bientôt élagué les épreuves douteuses, dont on s'était con-tenté jusque là, et ne voulurent accorder leur faveur qu'à des pièces d'une authenticité reconnue. On put alors juger de la rareté de ces exemplaires de choix, rareté si grande qu'il n'est pas exagéré de dire que tel grand médaillon classique des premiers temps n'est connu que par deux ou trois exemplaires irré-prochables.

La plupart de ces belles pièces se trouvaient réunies dans trois cabinets célèbres maintenant dispersés : de La Salle, Fillon et Piot, et dans la collection que nous mettons en vente aujourd'hui, collection si universellement connue que nous nous dispense-rons d'en faire l'éloge. Nous avons été au contraire, dans nos descriptions, très sobre d'épithètes; c'est ainsi que les pièces que ne suit aucune mention peuvent néanmois figurer dignement dans toutes les collections, que l'expression : belle, n'a été donnée qu'a des pièces dignes de cet adjectif, souvent trop prodigué, et qu'enfin la mention : très belle a été réservée aux médailles de premier ordre, que nous allons signaler ici à l'admiration des amateurs.

Par *Pisanello*: Inigo d'Avalos, nº 1. — Louis III de Gonzague, 3. — Jean Paléologue, 6. — Piccinino, 7.

Par *Matteo de Pastis*. L. B. Alberti 11. — Gua-rino, 12.

Par *Cristoforo Geremia*. Alphonse V. 22.

Par *Petrecini*. Borso d'Este, 24.

Par *Clément d'Urbino*. Frederigo de Montefel-tro, 29.

Avec le revers de la Constance. Girolamo San-cucci, 34.

Par *Sperandio*. Andrea Barbazza, 38. — Ludovico Carbone, 42. — Gian. Francesco Gonzague, 43. —

B. Pendaglia, 44. — A. Sarzadella, 45. — Francesco Sforza, 46.

Par *Bertholdo*. Mahomet II. 48.

Par *Nic Fiorentino*. Giovanna Tornaboni. 53.

Avec le revers de l'Espérance. Camilla Salviati, 55.

Par *Fra Antonio*. N. Michieli, 57.

Par *Marende*. Philibert le Beau et Marguerite d'Autriche. 58.

Par *Hermes Flavius?* Alexandre Etruscus ? 59.

Par F.   , J. Loredan, 63.

Par *Giullo de la Torre*. F. Niconizio. 66.

Par *Benvenuto Cellini*. Bembo. 68.

Par *Leone Leoni*. Philippe II. 79 — Ferrante Gonzaga, 80.

Par *G. Cavino*. Bassiano, 85. — Jules II, 86.

Par *Pastorino*. L'Arioste, 87.

Les médailles suivantes qui ne portent pas de signatures de graveurs :

Charles le Téméraire, 118. — Hercule d'Este, 119. — Raffaello Maffei, 122. — Paolo Orsini, 125. — G. Cornelio, 128. — H. Gabrielli, 151. — P. Balanzano, 152. — Hadria et Catherina Sandella, 157. — F. Mignanelli, 158. — Charlesquint, 161. — François Iᵉʳ, 162. — René de Bourbon, 163. — Cornelius Mussus, 168. — Federigo Nigri, 175. — Jeanne d'Autriche, 177. — J. Francesco Trivulce, 180. — Scipion de Sard, 193. — Eléonore d'Aragon, 201, ainsi que la plupart des françaises qui sont généralement fort belles. Enfin Paul Pfintzing, n° 271.

CATALOGUE

DE

Médailles Artistiques

MÉDAILLES ITALIENNES

des xve et xvie siècles

PISANELLO (Vittore PISANO, dit)

PEINTRE ET MÉDAILLEUR VÉRONAIS

Né vers 1380 + 1455 ou 1456.

MÉDAILLES PORTANT LA SIGNATURE DE PISANELLO (1)

1. AVALOS (DON Inigo D'), marquis de Pescaire. Il accompagna Alphonse V d'Aragon à la conquête du royaume de Naples en 1442.

Dia . 76. « DON . INIGO . DE . DAVALOS. — R̥ « PER . VVI . SE . FA. — OPVS . PISANI . PICTORIS. »

Au droit : Buste à droite de don Inigo d'Avalos, jeune encore ; la tête couverte d'un bourrelet de fourrure, avec double draperie dont partie retombe sur son épaule gauche. — Au revers : Un globe dont la moitié inférieure forme une sorte de corbeille ; la moitié supérieure représente un paysage montueux surmonté d'un ciel étoilé. Au-dessus, un écu entre deux tiges de rosier.　　　　　A. I. BR. Très belle.

---

(1) Toutes ces descriptions sont empruntées à l'ouvrage de M. Armand: *les Médailleurs italiens.* Plon et Cie, Paris, 1883.

2. ESTE (Leonello d'), fils naturel de Niccolo III, né en
1407. Il devint seigneur de Ferrare en 1441 + 1450.

Dia. 69. « LEONELIVS.MARCHIO.ESTENSIS.D.FERRARIE.REGII.
7.MVTINE. »

Au droit : Buste à gauche de Lionel, tête nue, avec une armure formée
d'écailles. — Au revers : Un lynx les yeux bandés, assis sur un coussin
carré, tourné à gauche.

R̰ « PISANI.PICTORIS.OPVS. »

Un homme nu, étendu à terre, tourné vers la droite ; derrière lui, sur
un rocher, un vase garni de rameaux, aux deux anses duquel sont sus-
pendues des ancres, dont une brisée.   A. 10. BR. Etain.

3. GONZAGA (Lodovico III), deuxième marquis de Mantoue ; né en 1414 ; devint marquis de Mantoue en 1444
+ 1478.

Dia. 101. « LVDOVICVS.DE.GONZAGA.MARCHIO.MANTVE.ET.
CET — CAPITANEVS.ARMIGERORVM. » — R̰ « OPVS.PISANI.PIC-
TORIS. »

Au droit : Buste à gauche de Louis III de Gonzague ; tête nue, cheveux
courts ; cuirassé. — Au revers : Louis III en armure sur un cheval marchant à droite ; au-dessus de la tête du cheval, une large fleur de tour-
nesol avec sa tige ; à gauche, le soleil brillant.
(Gravée, pl. I, n° 1.)   A. 13. BR. Pièce de la plus grande beauté.

4. MALATESTA (Sigismondo Pandolfo), né en 1417 ;
devint seigneur de Rimini en 1432 + 1468.

Dia. 102. « SIGISMVNDVS.DE.MALATESTIS.ARIMINI.7C.ET.
ROMANE.ECLLESIE.CAPITANEVS.GENERALIS. » — R̰ « OPVS.PISANI.
PICTORIS. — MCCCCXLV. »

Au droit : Buste à droite de Sigismond-Pandolphe ; tête nue, cuirassé. — Au revers : Sigismond Pandolphe en armure, le bâton
de commandement à la main, sur un cheval richement caparaçonné
marchant à gauche ; au fond, on voit un château fort avec une tour car-
rée portant l'écusson des Malatesta.   A. 14. Etain.

5. MALATESTA NOVELLO (Domenico Malatesta, dit),
frère de Sigismond-Pandolphe, né en 1418 ; devint seigneur de Césène en 1429 + 1465.

Dia. 83. « MALATESTA.NOVELLVS.CESENAE.DOMINVS — DVX.
EQVITVM.PRAESTANS. » — R̰ « OPVS.PISANI.PICTORIS. »

Au droit : Buste à gauche de Malatesta Novello, tête nue, encore jeune

— Au revers : Malatesta Novello, en armure, est agenouillé devant un crucifix dont il baise les pieds. A gauche, vu de croupe, se tient son cheval attaché à un arbre ; à droite, un arbre mort au milieu de rochers.

A. 16. BR.

6. PALEOLOGOS (Ioannes VII), empereur d'Orient, né en 1390 ; devint empereur en 1425 + 1448.

Dia. 103. « IΩANNHC . BACIΛEYC . KAI . AYTOKPATΩP . PΩMAIΩN . O . ΠAΛAIOΛOΓOC . » — ℞ « OPVS . PISANI . PICTORIS . EPΓON . TOY . ΠICANOY . ZΩΓPAΦOY . »

Au droit : Buste à droite de Jean VII Paléologue, barbu, les cheveux bouclés ; coiffé d'un chapeau en forme de dôme élevé, avec visière saillante. — Au revers : L'empereur, les mains jointes sur un cheval tourné à droite, priant devant une croix. A gauche, un cheval vu de croupe, sur lequel est monté un page ; des rochers au fond.

A. 20. BR. Très belle.

7. PICCININO (Niccolo), condottière pérugin, né en 1380 + 1444.

Dia. 88. « NICOLAVS . PICINVS . VICECOMES . MARCHIO . CAPITANEVS MAX . AC . MARS . ALTER . » — ℞ « N . PICININVS . — BRACCIVS . PISANI . P . OPVS . — PERVSIA . »

Au droit : Buste à gauche de Piccinino, coiffé du mortier, portant une cuirasse par-dessus une cotte de mailles. — Au revers : Un griffon ailé tourné à gauche, portant un collier sur lequel se lit le mot « PERVSIA » ; deux enfants nus (Braccio et Piccinino ?) sont suspendus à ses mamelles. (Gravée Pl. I, n° 2).

A. 21. BR. Très belle.

8. Dia. 88. Un autre exemplaire aussi beau.

A. 21. BR. Très belle.

9. VISCONTI (Filippo-Maria), troisième duc de Milan, né en 1391 ; devint duc de Milan en 1412 + 1447.

Dia. 102. « PHILIPPVS . MARIA . ANGLVS . DVX . MEDIOLANI . ETCETERA . PAPIE . ANGLERIE . QVE . COMES . AC . GENVE . DOMINVS . » — ℞ « OPVS . PISANI . PICTORIS . »

Au droit : Buste à droite de Philippe-Marie Visconti, la tête couverte d'un bonnet. — Au revers : Trois cavaliers : celui à gauche est le duc en

armure, casqué avec grand cimier à la guivre de Milan, tenant une lance ;
à droite, un page sur un cheval se dirigeant à droite ; au milieu, un troisième vu de face, en armure et tenant une lance. Au fond, les édifices
d'une ville que domine une figure de femme.

A. 23. BR.

10. Dia. 101. Un autre exemplaire en étain.

A. 23.

PASTI (Matteo de')

PEINTRE, ARCHITECTE, SCULPTEUR ET MÉDAILLEUR VÉRONAIS

La plupart de ses médailles portent la date de 1446.

11. ALBERTI (Leon-Baptista), architecte florentin, né en
1405 + 1472.

Dia. 93. « LEO. BAPTISTA . ALBERTVS. » — ℞ « OPVS. MAT-
THAEI.PASTII.VERONENSIS. — QVID.TVM. »

Au droit : Buste à gauche d'Alberti, tête nue, les cheveux bouclés,
vêtu d'une robe. — Au revers : Au milieu d'une couronne de feuillages,
un œil vu de face, entouré de rayons sur trois côtés et garni de deux
ailes dans sa partie supérieure.
(Gravée, Pl. I, n° 3.) A. I. BR. Très belle. COLL. HIS DE LA SALLE.

12. GUARINO, célèbre helléniste véronais, né en 1370 +
1460.

Dia. 93. « GVARINVS.VERONENSIS. » — ℞ « MATTHEVS.DE.PAS-
TIS.F. »

Au droit : Buste à gauche de Guarino âgé, tête nue, les tempes dégar-
nies, vêtu d'une légère draperie à l'antique. — Au revers : Au milieu
d'une couronne de laurier, une fontaine à double vasque, surmontée
d'une boule portant la figure d'un enfant nu.
(Gravée. Pl. II, n° 1.) A. 2. BR. Très belle.

13. MALATESTA (Sigismondo Pandolfo), né en 1417.
Il devint seigneur de Rimini en 1432 + 1468.

Dia. 80. « SIGISMVNDVS . PANDVLFVS . MALATESTA.PAN.F. » — ℞
« CASTELLVM.SISMVNDVM.ARMINENSE.MCCCCXLVI. »

Au droit : Buste à gauche de Sigismond-Pandolphe, tête nue, couvert

d'une armure sous laquelle se montre une cotte de mailles.— Au revers :
Le château de Rimini. A. 12. BR. Belle.

14. Dia. 81. Un autre exemplaire aussi beau.
A. 12. Belle

15. Dia. 82. « SIGISMONDVS . PANDVLFVS . DE . MALATESTIS . S . RO .
ECESIE . C. GENERALIS. » Même buste et mêma revers.
A. 8. BR. Belle.

16. Dia. 43. « SIGISMONDVS . P . D . MALATESTIS . S . R . ECL . C . GENE-
RALIS. » — R) « MCCCCXLV. »

Écusson avec les initiales de Sigismond et d'Isotte, surmonté d'un casque
ayant pour cimier une tête d'éléphant. A. 16. BR. Belle.

17. Dia. 40. « SIGISMVNDVS . PANDVLFVS . MALATESTA . PAN . F . »
— R) « PRAECL . ARIMINI . TEMPLVM . AN . GRATIAE . V . F . MCCCCL. »

Au droit : Buste à gauche de Sigismond-Pandolphe, couronné de laurier. — Au revers : Le temple de Saint-François à Rimini, couvert d'un
dôme. A. 17 BR.

18. Dia. 32. « SIGISMVNDVS . PANDVLFVS . MALATESTA. » — R)
« PONTIFICII . EXERCITVS . IMP . MCCCCXLVII. »

Au droit : Buste à gauche de Sigismond-Pandolphe. — Au revers : Un
bras couvert d'une manche sortant d'un nuage. La main tient une poignée
de palmes. A. 18. BR.

19. Dia 32. Un autre exemplaire.
A. 18. BR.

20, ISOTTA ATTI de Rimini, troisième femme de Sigismondo Pandolfo ; mariée en 1456 + 1470.

Dia. 84. « D . ISOTTAE . ARIMINENSI . » — R) « MCCCCXLVI. »

Au droit : Buste à droite d'Isotte, la tête couverte d'une coiffe mainte-
nue par deux rubans croisés ; du fond de la coiffe s'échappent les cheveux
qui tombent en arrière, formant deux touffes finissant en pointe. Elle
porte un corsage montant orné de fleurs en relief. — Au revers : Un éléphant marchant à droite sur un terrain parsemé de fleurs et de coquil-
lages. A. 19. BR. Belle.

PAOLO de Ragusio

MÉDAILLEUR

Il devait travailler vers 1451.

21. NAPLES (ALFONSO V d'Aragona, roi d'Aragon, et de Sicile, né en 1394; il devint roi d'Aragon et de Sicile en 1416; en 1435, il prétendit au royaume de Naples, dont il devint possesseur en 1442 seulement + 1458.

Dia. 45. « ALFONSVS . REX . ARAGONVM . » — ℞ « OPVS . PAVLI . DE . RAGVSIO . »

Au droit : Buste à droite d'Alphonse V, tête nue. — Au revers : Une femme drapée, debout, tournée à gauche, tenant de la main droite une bourse, et de la main gauche un bâton autour duquel s'enroule un serpent.

A 2. BR. Belle, un peu ébréchée.

GEREMIA (Cristoforo)

SCULPTEUR ET MÉDAILLEUR MANTOUAN

La médaille d'Alphonse V. d'Aragon a dû être faite vers 1455.

22. NAPLES (ALFONSO V roi d'Aragon, de Sicile et de), né en 1394 + 1458.

Dia. 75. « ALFONSVS . REX . REGIBVS . IMPERANS . ET . BELLORVM . VICTOR . » — ℞ « CORONANT . VICTOREM . REGNI . MARS . ET . BELLONA . — CHRISTOPHORVS . HIERIMIA . »

Au droit: Buste d'Alphonse V, tête nue, cuirassé. Au-dessous du buste la couronne royale. — Au revers: Le roi en costume romain, une épée, la main, est assis sur son trône entre Bellone et Mars, qui tiennent une couronne sur sa tête. Bellone est à gauche debout, drapée et ailée; Mars est représenté sous la figure d'un soldat nu, casqué, marchant vers la droite et portant un trophée.

A. I. BR. Très belle.

23. AUGUSTE (C. Julius Cæsar Octavianus Augustus), empereur romain, né en 63 av. J. C. Il devint empereur en 29 avant J. C. Il mourut l'an 14 de notre ère.

Dia. 73. « CAESAR . IMPERATOR . PONT . PP . ET . SEMPER .

AVGVSTVS . VIR . » — ℞ « CONCORDIA . AVG . — S.C. — CHRISTOPHORVS .
HIERIMIAE . F . »

Au droit : Buste à droite d'Auguste couronné de feuilles de chêne, cuirassé, avec manteau et agrafe au-dessus de l'épaule droite. — Au revers :
Auguste et l'Abondance debout, se donnant la main. Auguste tient de la
main gauche le caducée ailé ; l'Abondance drapée, la tête couverte d'une
sorte de turban, tient la corne d'abondance de la main gauche.

A. I. BR. Belle.

PETRECINI

MÉDAILLEUR FLORENTIN

Il travaillait en 1460.

24. ESTE (Borso d'), premier duc de Ferrare, né en 1413.
Il devint seigneur de Ferrare en 1450, duc de Modène et
de Reggio en 1452, duc de Ferrare en 1471 + 1471.

Dia. 96. « BORSIVS . DVX . MVTINE . Z . REGII . MARCHIO . ESTEN-
SIS . RODIGII . Q . COMES . » — ℞ « OPVS . PETRECINI DE FLORETIA .
MCCCCLX. »

Au droit : Buste à gauche de Borso, cheveux longs, coiffé d'une toque.
— Au revers : Au milieu d'un site montueux, un coffret hexagonal entr'ouvert laissant voir à l'intérieur un anneau ; en haut le soleil rayonnant. — A. I. BR. — Magnifique médaille. (Gravée. Pl. II, n° 2.)

GUIDIZANI (M.)

MÉDAILLEUR VÉNITIEN (?)

Il travaillait vers 1460.

25. COLLEONE (Bartolommeo), condottière bergamasque,
né en 1400 + 1475.

Dia. 86. « BARTHOL . CAPVT . LEONIS . MA . C . VE . SE . » — ℞
« IVSTIZIA . AVGVSTA . ET . BENIGNITAS . PVBLICA . — OPVS . M . GVIDI-
ZANI . »

Au droit : Buste à gauche de Colleone, coiffé d'une toque, cheveux
courts, cuirassé. — Au revers un homme nu tourné à gauche, assis sur

une cuirasse ; de la main gauche il tient l'extrémité d'un fil à plomb qui passe par un anneau, et dont le poids tombe auprès de son genou droit.— A. I. Étain.

BOLDU (Giovani)

PEINTRE ET MÉDAILLEUR VÉNITIEN

Les dates de ses médailles sont comprises entre 1457 et 1466

26. CARACALLA (Antoninvs), empereur romain, né à Lyon en 188. Il devint empereur en 211 ; tué en 217.

Dia. 91. « ANTONINVS.PIVS AVGVSTVS. » — ℞ « IO.SON.FINE. — MCCCCLXVI. »

Au droit: Buste à gauche de Caracalla enfant, tête nue, couronné de laurier. — Au revers: Un jeune homme, un Génie, et une tête de mort. A. 4, BR.

LAURANA (Francesco)

SCULPTEUR ET MÉDAILLEUR ITALIEN

On trouve sur ses médailles les dates 1461, 1463, 1464 et 1466.

27. NAPLES (JEAN D'Anjou, roi de), fils aîné du roi René, né en 1427 + 1470.

Dia. 87. « IOHANES.DVX.CALABER.ET.LOTHORINGVS.SICVLI. REGIS.PRIMOGENITVS. » — ℞ « MARTE.FEROX.RECTI.CVLTOR.GAL LVSQ.REGALIS. — MCCCCLXIIII. — FRANCISCVS.LAVRANA. »

Au droit : Buste à droite de Jean, la tête couverte d'un bonnet élevé, en forme de calotte, cheveux longs. — Au revers : Un temple d'ordre corinthien, dont on voit six colonnes. Il est couvert d'une coupole surmontée d'une figure de saint Michel armé de la lance et du bouclier. A. 6. BR. Belle.

ENZOLA (Gianfrancesco)

DIT

GIANFRANCESCO PARMENSE

Les dates de ses médailles sont comprises entre 1456 et 1475

28. SFORZA (Costanzo), fils d'Alessandro, né en 1448. Il devint seigneur de Pesaro en 1468 + 1483.

Dia. 81. « CONSTANTIVS.SFORTIA.DE.ARAGONIA.DI.ALEXAN.SFOR. FIL.PISAVRENS.PRINCEPS.AETATIS.AN.XXVII. »

Au droit : Buste à gauche de Constant Sforce, tête nue, cheveux épais et bouclés, cuirassé.

℞ « INEXPVGNABILE . CASTELLVM . CONSTANTIVM . PISAVRENSE . SALVTI . PVBLICAE . MCCCCLXXV. — IO . FR . PARMEN. »

Vue de la citadelle de Pesaro. La signature est en creux.   AR. Q. Belle.

CLEMENTE da Urbino

MÉDAILLEUR

Il travaillait en 1468.

29. MONTEFELTRO (Federigo del), premier duc d'Urbin, né en 1422 + 1482.

Dia. 94. « ALTER . ADEST . CESAR . SCIPIO . ROMAN . ET . ALTER . SEV . PACEM . POPVLIS . SEV . FERA . BELLA . DEDIT . » — ℞ « MARS . FE- RVS . ET . SVMHVM . TANGENS . CYTHEREA . TONANTEM . DANT . TIBI . REGNA . PARES . ET . TVA . FATA . MOVENT . — INVICTVS . FEDERICVS . C . VBINI . ANNO . D . MCCCCLXVIII. — OPVS . CLEMENTIS . VBINATIS. »

Au droit : Buste à gauche de Federigo coiffé du mortier, cuirassé. — Au revers : Au centre, une boule ; à gauche, une épée et une cuirasse ; à droite, un instrument en forme de cloche (?) et une branche d'olivier. Dans le haut trois étoiles ; au bas, un aigle, les ailes déployées.

A. I. BR. Très belle.

GUAZZALOTTI (Andrea)

DIT AUSSI

ANDREA G. PRATENSE

MÉDAILLEUR DE PRATO, Né en 1435+1495.

30. NAPLES (ALFONSO II d'Aragona, roi de), fils de Fernando 1er, né 1448. Il devint roi de Naples en 1494 + 1495.

Dia. 58. « ALFONSVS.FERDI.DVX.CALABRIE. » — ℞ « ALFOS. POTES . PARCERE.SVBIECTIS.ET.DEBELLARE.SVPERBOS. —CONSTANTIA. — MCCCCLXXXI. »

Au droit : Buste de trois quarts à gauche d'Alphonse étant duc de Calabre ; il est coiffé d'une toque avec les cheveux longs et bouclés, et couvert d'une armure. — Au revers : Une femme nue, debout, tenant une haste ; son bras gauche s'appuie sur une colonne au pied de laquelle sont des boucliers et autres armes.   A. 3. BR.

31. PALMIERI (Nicolo), Sicilien, né en 1402 ; fait évêque d'Orte en 1455 + 1467.

Dia 63. « NVDVS. EGRESVS. SIC. REDIBO. — NICOLAVS. PALMERIVS. SICVLVS. EPS. ORTAN. » — ℞. « ANDREAS. GVACIALOTVS. CONTVBERNALIS. B F. VIX. AN. LXV. OBIIT. A. D. MCCCCLXVII. »

Au droit: Buste à gauche de Nicolo Palmieri nu, la tête rasée, avec une petite couronne de cheveux. La première partie de la légende est en relief; la seconde est gravée en creux. — Au revers : Figure d'un homme nu debout, tourné à gauche, tenant dans la main droite un sablier, et s'appuyant de la main gauche sur un long bâton. Cette figure est placée sur un support saillant. Les deux premiers mots de cette légende sont en relief, et tout le reste est gravé en creux.

A. 5. BR. argenté. Belle.

32. Le pape PIE II (Enea-Silvio PICCOLOMINI), né à Corsignano (Toscane) en 1495 ; élu pape en 1458 + 1464.

Dia. 54 « ENAEAS. PIVS. SENENSIS. PAPA. SECVNDVS. » — ℞ « ALES. VT. HEC. CORDIS. PAVI. DE. SANGVINE. NATOS. »

Au droit : Buste à gauche de Pie II, la tête nue et rasée avec une mince couronne de cheveux, vêtu de la chape. — Au revers : Le pélican s'ouvrant la poitrine pour nourrir ses petits de son sang.

A. 8. BR. Belle.

33. Le pape SIXTE IV (Francesco d'Albescola della RO-VERE), né en 1414; élu pape en 1471 + 1484.

Dia. 60. « SIXTVS. IIII. PON. MAX. SACRI CVLT. » — ℞ « SIXTE. POTES. « PARCERE . SVBIECTIS . ET.DEBELLARE . SVPERBOS. — CONSTANTIA. — MCCCLXXXI. »

Au revers: Figure d'une jeune femme nue, de bout, la tête tournée à gauche et s'appuyant sur une colonne. Elle tient un long bâton à la main droite. Au pied du pilier s'agitent de petites figures de Turcs captifs.

AR. 10. BR. Belle.

MÉDAILLES AU REVERS DE LA CONSTANCE

34. SANTUCCI (Girolamo), d'Urbin. Il fut fait évêque de Fossombrone en 1474 + 1494.

Dia. 85. « HIERONYMVS. SANCTVCIVS. VRBINAS. EPS. FOROSEMPRO-NIENSIS. » — ℞ « CONSTANTIA. FIRMA. »

Au droit : Buste à gauche de Santucci, tête nue et rasée, avec une couronne de cheveux, vêtu d'une robe. — Au revers: La Constance, le bras gauche appuyé sur une colonne.

(Gravée. Pl. II, n° 3.) AR. 13. BR. Magnifique médaille.

POLLAIUOLO (Antonio del)

ORFÉVRE, PEINTRE ET SCULPTEUR FLORENTIN

Né en 1429 + 1498

35. MEDICI (Giuliano I° de'), deuxième fils de Pierre Ier**, né en 1453; tué en 1478.**

Dia 66. « LAVRENTIVS.MEDICES.SALVS.PVBLICA. » — ℞ « IVLIANVS MEDICES. — LVCTVS. PVBLICVS. »

Au droit : Tête à droite de Laurent le Magnifique, portant des cheveux longs et bouclés ; elle surmonte la clôture octogonale du chœur de la cathédrale de Florence, représentée comme elle existait à cette époque, avec huit colonnes supportant une architrave. Dans l'intérieur de l'enceinte, on voit le clergé, tourné vers la droite, célébrant la messe ; à l'extérieur, Laurent est assailli par la troupe des conjurés auxquels il parvint à échapper — Au revers : Même disposition qu'au droit, mais avec la tête à gauche de Julien, portant aussi des cheveux longs et bouclés. A l'intérieur de l'enceinte, le clergé, tourné vers la gauche ; à l'extérieur, on voit Julien tué par les conjurés.

Cette médaille a été faite à l'occasion de la conjuration des Pazzi (avril 1478).

A. BR. Belle.

ANTIQUO (Pier Iacopo Ilario, dit l')

SCULPTEUR ET MÉDAILLEUR MANTOUAN

Il travaillait vers 1480.

36. ANTONIA de **BALZI**, femme de Gianfrancisco. 1443 + 1466.

Dia. 41. « DIVA. ANTONIA. BAVTIA. DE GONZ. MR. » — ℞ « SVPE REST. M. SPES. »

Au droit : Buste à droite d'Antonia. — Au revers : Femme ailée, debout, dans une nef entraînée sur l'eau par deux chevaux ailés galopant vers la gauche et guidés par un petit Amour. Le mât de la nef est brisé La femme ailée tient d'une main une ancre, de l'autre une voile déchirée.

A. 5. BR. Belle.

37. GONZAGA (Gianfrancesco), seigneur de Sabbionetta, troisième fils de Ludovic III de Gonzague, né en 1443 + 1496.

Dia. 40. « IOHANNES. FRANCISCVS. GONZ. — ℞ « FOR. VICTRICI. — ANTI. »

Au droit : Buste à gauche de Gianfrancesco, tête nue, cheveux bouclés. — Au revers, la Fortune montée sur une boule entre Mars nu, près d'un trophée d'armes, et Minerve armée de la haste et accompagnée de la chouette.

A. BR. Belle.

SPERANDIO

MÉDAILLEUR MANTOUAN

Né au plus tard vers 1440 + 1528.

38. BARBAZZA (Andrea), jurisconsulte messinois, conseiller de Jean II, roi d'Aragon en 1466 + vers 1480.

Dia. 114. « ANDREAS. BARBATIA. MESANIVS. EQVES. ARAGONIAE. Q. REGIS. CONSILIARIVS. IVRIS. VTRIVSQ. SPLENDIDISSIMVS. IVBAR. » — ℞ « FAMA. SVPER. AETHERA. NOTVS. — OPVS. SPERANDEI. »

Au droit : Buste à gauche d'Andrea Barbazza, coiffé d'un bonnet. — Au revers : Jeune femme vue de face, portant un vêtement collant couvert d'écailles, et munie de six ailes, debout, les bras étendus ; elle a un livre dans chaque main et d'autres livres à ses pieds.
(Gravée. Pl. III, n° 1.) A. 4. BR. Magnifique médaille. COLL. BORGHESE.

39. BENTIVOGLIO (Giovanni), fils d'Annibal, né en 1443. Il gouverna Bologne de 1462 à 1506 + 1509.

Dia. 96. « IO. BENT. II. HANIC. FILIVS. EQVES. AC. COMES. PATRIAE . PRINCEPS. AC. LIBERTATIS. COLVMEN. » — ℞ « OPVS. SPERANDEI. »

Au droit : Buste à droite de Giovanni II, coiffé d'une toque, cheveux longs, couvert d'une armure. — Au revers : Giovanni II en armure, le bâton de commandement à la main, sur un cheval richement caparaçonné marchant vers la gauche ; à droite, derrière lui, un cavalier portant une lance.　　　　A. 6. BR. Belle.

40. Dia. 94. Autre exemplaire.　　　　A. 6. BR.

41. BENTIVOGLIO (Anton-Galeazzo), fils de Giovanni II. né en 1472 ; archidiacre de la cathédrale de Bologne + vers 1525.

Dia. 77. « ANT. GALEAZ. BENT. PROTON. APOST. DECVS. FELSINEAE. IVVENTVTIS. » — ℞. « OPVS. SPERANDEI. »

Au droit : Buste à gauche d'Anton Galeazzo, cheveux longs, coiffé d'une calotte, vêtu d'une robe. — Au revers : Une femme drapée, debout, vue de face ; elle tient une gerbe de la main gauche, et de l'autre distribue du grain à des poussins.　　　　A. 9. Etain.

42. CARBONE (Lodovico), poète ferrarais, né vers 1436 + 1482.

Dia. 72. « CANDIDIOR. PVRA. CARBO. POETA. NIVE. » — ℞. « HANC. TIBI. CALLIOPE. SERVAT. LODOVICE. CORONAM. — OPVS. SPERANDEI. »

Au droit : Buste à gauche de Carbone, coiffé d'un bonnet. — Au revers : Le poète debout, tourné à droite, reçoit une couronne des mains de Calliope demi-nue, assise en face de lui. Entre eux s'élève une fontaine surmontée d'une boule d'où l'eau tombe dans une bassin.

A. 13. BR. Très belle pièce. COLL. HIS DE LA SALLE.

43. GONZAGA (Gianfrancesco II), quatrième marquis de Mantoue, fils aîné de Frédéric Ier, né en 1466 ; marquis de Mantoue en 1484 + 1519.

Dia. 97. « FRANCISCVS. GONZAGA. MANTVAE. MARCHIO. AC. VENETI. EXERC. IMP. » — ℞. « OB. RESTITVTAM. ITALIAE. LIBERTATEM. — OPVS. SPERANDEI. »

Au droit : Buste à gauche de Gianfrancesco II, barbu, cheveux touffus et frisés, coiffé d'un bonnet en forme de calotte, couvert d'une armure. — Au revers : Gianfrancesco en armure sur un cheval marchant à gauche. Il se tourne vers un jeune homme debout, en armure, tenant une épée ; derrière lui se voient plusieurs cavaliers et fantassins armés.

Médaille faite à l'occasion de la bataille de Fournoue (1495), où Gianfrancesco commandait l'armee italienne.

A. 23. BR. Magnifique médaille mais le bord légèrement ébréché, COLL. MONTIGNY.

44. PENDAGLIA (Bartolommeo), riche marchand de Ferrare. Il fut créé chevalier par l'empereur Frédéric III.

Dia. 85. « BARTHOLOMAEVS. PENDALIA. INSIGNE. LIBERALITATIS. ET. MVNIFICENTIAE. EXEMPLV. » — ℞. « CAESARIANA. LIBERALITAS. — OPVS. SPERANDEI. »

Au droit : Buste à gauche de Bartholommeo, âgé, coiffé du mortier, vêtu d'une robe. — Au revers : Un homme nu, tourné à gauche, assis sur une cuirasse. Il tient d'une main une boule et de l'autre un long bâton. Son pied gauche est posé sur un sac renversé, d'où s'échappent des pièces d monnaie. Derrière lui, deux boucliers.

A. 32. BR. Très belle. COLL. MILANI.

45. SARZANELLA (Antonio).

Dia. 73. « ANTONIVS. SARZANELLA. DE. MANFREDIS. SAPIENTIAE.

PATER. » — ℞. « IN. TE. CANA. FIDES. PRVDENTIA. SVMMA. REFVL-
GET. — OPVS. SPERANDEI. »

Au droit : Buste à droite de Sarzanella âgé, coiffé du mortier, vêtu d'une
robe, le cou entouré d'une écharpe. — Au revers : Une femme à double
visage (jeune par devant, vieillard barbu par derrière), tournée à gauche,
est assise sur un siège formé de deux chiens; elle tient de la main droite
un compas et un miroir, et de la gauche un bouclier.
A. 41. BR. Très belle. COLL. HIS DE LA SALLE.

46. SFORZA (Francesco), quatrième duc de Milan, né en
1401; devint duc de Milan en 1450 + 1466.

Dia. 86. « FRANCISCVS. SFORTIA. VICECOMES. DVX. MEDIOLANI.
QVARTVS. » — ℞. « OPVS. SPERANDEI. »

Au droit : Buste de trois quarts à droite de Francesco Sforza, tête nue,
couvert d'une armure. — Au revers : La façade d'un temple avec coupole.
(Gravée. Pl. III, n° 2.) A. 42. Br. Très belle. COLL. HIS. DE LA SALLE.

47. SFORZA (Covella, dite Camilla MARZANA, femme de
Costanzo), mariée en 1475; elle devint veuve en 1483 +
après 1499.

Dia. « 82. CAMILLA. SFOR. DE. ARAGONIA. MATRONAR. PVDICIS-
SIMA. PISAVRI. DOMINA. » — ℞. « SIC. ITVR. AD. ASTRA — OPVS.
SPERANDEI. »

Au droit : Buste de trois quarts à gauche de Camilla Sforza, la tête couverte du voile des veuves. — Au revers : Une femme drapée, vue de face,
assise entre une tête de licorne et une tête de chien. Elle tient dans sa main
droite une longue flèche. Son bras gauche est entouré d'un serpent à
tête de dragon.
A. 43. BR.

BERTOLDO di Giovanni

SCULPTEUR FLORENTIN

La médaille de Mahomet II doit avoir été faite avant 1480.

48. MAHOMET II, empereur ottoman, né en 1430; devint
empereur en 1443 + 1481.

Dia. 93. « MAVMHET. ASIE. AC. TRAPESVNZIS. MAGNE. QVE

GRETIE. IMPERAT. » — ℞. « GRETIE. — TRAPESVNTV. ASIE. — OPVS.
BERTOLDI. FLORENTIN. SCVLTORIS. »

Au droit : Buste de Mahomet II, barbe courte, coiffé du turban, vêtu
d'une pelisse à large collet, avec un croissant suspendu au cou. — Au
revers : Un char de triomphe traîné par deux chevaux galopant vers la
droite, guidés par un homme nu portant un trophée ; debout sur le devant du char, un homme nu avec une draperie flottante, portant sur la
main gauche une figure de la Victoire (?), et de la droite le bout d'un lien
dont sont enlacées trois femmes nues debout derrière lui, représentant
les royaumes de Grèce, Trébizonde et Asie. Au bas, les figures nues et
couchées d'un homme et d'une femme.
(Gravée. Pl. III, n· 3)   A. 1. BR. Très belle.

MELIOLI

ORFÈVRE ET MÉDAILLEUR MANTOUAN

Les cinq médailles qui portent la signature de cet artiste sont
comprises entre 1474 et 1488 environ

49. DANEMARK (CHRISTIERN Ier roi de), né en 1426 ; roi en 1448 + 1481.

Dia. 63. « CHRISTIERNVS. DACIE. REX. CVI. ENSIS. ET. DEVS. III.
SVBMISIT. REGNA. » — ℞. « TALIS. ROMAM. PETIIT. SISTI. QVARTI.
PONT. MAX. ANNO III. — MELIOLVS. SACRAVIT. »

Au droit : Buste à gauche de Christiern Ier, tête nue, sans barbe, les
cheveux longs, couvert d'une cuirasse. Au bas une couronne. — Au revers :
Christiern à cheval accompagné d'une suite nombreuse de cavaliers. Allusion au voyage que Christiern fit à Rome en 1474 pour se faire relever
d'un vœu par le pape Sixte IV. —   A. 1. BR.

50. GONZAGA (Lodovico) quatrième fils du marquis Louis III, né en 1458 ; devint évêque de Mantoue en 1483 + 1511.

Dia. 50. « LODOVICVS. GONZAGA. PROTO. APOSTOLICVS. » — ℞.
« ANNO. CHRISTI. MCCCCLXXV. — M. S. »

Au droit : Buste à gauche de Louis de Gonzague jeune, coiffé d'un bonnet Au-dessous du buste est un petit chapeau analogue au chapeau de
cardinal, avec deux cordons flottants. — Au revers : Inscription. Au bas,
les lettres M. S. gravées (initiales de Méliolus Sacravit).
                                                       A. 3. BR. Belle.

TALPA (Bartolo)

MÉDAILLEUR ITALIEN

Vers 1489.

51. GONZAGA (Gianfrancesco II), quatrième marquis de Mantoue, fils aîné de Frédéric Ier, né en 1466 ; marquis de Mantoue en 1484 + 1519.

Dia. 80. « FRANCISCUS.GON.MAN.MAR.IIII. » — ℞ «VNIVERSAE. ITALIAE.LIBERATORI. — BARTVLVS.TALPA. »

Au droit : Buste à gauche de Jean-François II de Gonzague, barbu, les cheveux longs, coiffé de la barrette. — Au revers : Curtius se jetant dans le gouffre. —   A. 2. Belle Étain.

NICCOLO FIORENTINO

(NICCOLO DI FORZORE SPINELLI, dit)

MÉDAILLEUR FLORENTIN

Né en 1430. Il travaillait encore à Florence en 1492. Il vint ensuite s'établir à Lyon, où il mourut en 1499.

52. POLIZIANO (Angelo Ambrogini, dit), né à Monte Pulciano en 1454 + 1494.

Dia. 53. « ANGELI.POLITIANI. » — ℞ « MARIA.POLITIANA. »

Au droit : Buste à gauche de Politen coiffé d'une calotte, cheveux longs.—Au revers : Buste à gauche d'une jeune femme, tête nue, cheveux en bandeau avec chignon formé d'une natte roulée.   A. 10 et 11. BR.

53. TORNABUONI (Giovanna ALBIZZI, femme de Lorenzo), mariée en 1486.

Dia. 76.   « IOANNA . ALBIZA . VXOR . LAVRENTII . DE . TORNABONIS. » — ℞ « CASTITAS.PVLCHRITVDO.AMOR. »

Au droit : Buste à droite de Giovanna Albizzi, tête nue, les cheveux tombant en boucles sur la joue.— Au revers : Le groupe des trois Grâces.   A. 20. BR. Belle. COLL. HIS DE LA SALLE.

Le Médailleur a l'Espérance

On désigne ainsi l'auteur des médailles qui ont au revers la figure de l'Espérance. On trouve sur ces médailles les dates 1489 et 1492.

54. BONALDI (Giovanni Marco).

Dia. 35. « IOHANNES . MARCVS . DOMINI . BENIGNVS . DE . BONALDI . » — ℞ « FIRMAVI . »

Au droit : Buste à gauche de Bonaldi, cheveux longs, coiffé d'une calotte. — Au revers : L'Espérance tournée à droite.	A. 4. BR. Belle.

55. SALVIATI (Camilla BUO NDELMONTI, femme de Gianozzo), née en 1473 ; mariée en 1490.

Dia. 90. « CHAMILLA . BVONDELMONTI . DONA . DI . GIANOZO . SALVIATI . » — ℞ « ISPERO . IN . DEO . »

Au droit : Buste à gauche de Camilla, les cheveux en bandeau se relevant sous une coiffe ; corsage coupé carrément ; une chaîne tombant sur la poitrine avec un médaillon. — Au revers : l'Espérance à gauche (Gravée. Pl. IV, n° 1.) A. 10. BR. Très belle. COLL. HIS DE LA SALLE

56. TORNABUONI (Giovanni), Florentin. Il fut l'un des ambassadeurs de la république florentine à Rome en 1480

Dia. 33. « IOANNES . TORNABONVS . FR . FI . » — ℞ « FIRMAVI . — MCCCCLXXXXII . »

Au droit : Buste à droite de Giovanni Tornaboni âgé, tête nue, cheveux courts. — Au revers : L'Espérance à droite.	A. 13. BR. belle.

FRA AN(TONIO?) da Brescia

Médailleur, vers 1487.

57. MICHIELI (Niccolo), Vénitien. Il fut fait procurateur de Saint-Marc en 1500.

CONTARINI (Dea), femme de Niccolo Michieli.

Dia. 72. « NICOL . MICHAEL . DOC . ET . EQS . AC . S . MARCI .

PROCV . — OP . F . A . B . » — R̸ « DEA . CONTARENA . VXOR . EIVS. »

Au droit : Buste à gauche de Niccolo, âgé, coiffé d'une calotte. — Au revers: Buste à gauche de Dea Contarini âgée, la tête couverte d'une coiffe tombant en arrière. A. 2. BR. Très belle.

MARENDE

ORFÈVRE ÉTABLI A BOURG EN BRESSE

Il exécuta la médaille décrite ci-après, qui fut offerte au duc et à la duchesse de Savoie lors de leur entrée à Bourg (août 1502).

58. SAVOIE (PHILIBERT LE BEAU, duc de), né en 1480. duc de Savoie en 1497 + 1504.

MARGUERITE D'AUTRICHE, femme de Philibert le Beau, née en 1480; mariée en 1501 + 1530.

Dia. 103. « PHILIBERTVS . DVX . SABAVDIE . VIII . MARGVA . MAXI . CAE . AVG . FI . D . SA . » — R̸ « GLORIA . IN . ALTISSIMIS . DEO . ET . IN . TERRA . PAX . HOMINIBVS . BVRGVS . — FE . — RT . »

Au droit : Bustes affrontés de Philibert et de Marguerite : Philibert tourné à droite, coiffé de la barrette, cheveux longs et lisses; Marguerite tournée à gauche, la tête couverte d'un voile qui tombe sur ses épaules, corsage coupé carrément. Le champ est semé de marguerites et de lacs d'amour. Au-dessous des bustes règne une sorte de palissade — Au revers : Écusson mi-parti du duc de Savoie et de Marguerite d'Autriche. Sur le champ, deux marguerites et trois lacs d'amour. A. 1. BR. Très belle.

HERMES FLAVIUS

Ce nom désigne très probablement un médailleur qui travaillait au commencement du XVIe siècle.

59. ALEXANDRE ETRUSCUS.

Dia. 123. « ALEXANDER . ETRVSCVS . ADOLESCENTIAE . PRINCEPS . » — R̸ « HERMES . FLAVIVS . APOLLINI . SVO . CONSECRAVIT . »

Au droit : Buste à gauche d'un enfant d'une dizaine d'années, tête nue, avec une longue et épaisse chevelure qui lui tombe sur les yeux. — Au revers : Au milieu d'une couronne de laurier. Pégase galopant vers la gauche; il porte un petit Génie nu, debout, qui se retient à sa crinière, et derrière celui-ci, un cygne dressé sur sa croupe.

A. 1. BR. Très belle.

RICCIO (Andrea Briosco, dit)

ORFÈVRE ET SCULPTEUR PADOUAN

Né en 1470 + 1532.

60. RICCIO (Andrea BRIOSCO, dit)

Dia. 52 . « ANDREAS . CRISPVS . PATAVINVS . AEREVM . DI   NT . CANDELABRVM . F . » — ℞ « OBSTANTE . GENIO. »

Au droit : Buste à gauche d'Andrea, tête nue, cheveux frisés; au bas est une petite feuille. Au revers : Un arbre mort dont la tige brisée pend à droite; au-dessus, une étoile; au bas, un rejeton poussant à gauche.

A. 1. BR. Belle.

61. QUIRINI (Elisabetta).

Dia. 42. « ELISABETTAE . QVIRINAE . » — ℞. Sans légende.

Au droit : Buste à gauche d'Elisabetta, tête nue, coiffée en cheveux avec deux nattes; au bas est une feuille de lierre. — Au revers : Les trois Grâces nues, debout : celle du milieu, vue de dos; les deux autres, vues de face.

A. 1. Bronze doré.

Signature d'un médailleur qui devait travailler à Venise vers 1510.

62. VENISE (Andrea GRITTI, doge de), né en 1454; élu, doge en 1523 + 1532.

Dia. 67. « ANDREAE . GRITO . PROCVR . D . MARCI . —   . F . CIV . »

Au droit : Buste à gauche d'Andrea Gritti, tête nue, barbu, drapé à l'antique.

A. 1. BR. Belle.

63. LOREDANO (Jacopo), fils de Giovanni.

Dia. 63. « IACOBVS . LAVREDANVS . IO . F . » — ℞ « MANVV . P.
PATR . VSTIONE . GENTIS . AVTOREM . IMITAT . APVD . BRASEGELI . »

Au droit : Buste à droite de Jacopo Loredano, tête nue, sans barbe,
avec une longue et épaisse chevelure. — Au revers : Mucius Scævola mettant dans les flammes d'un trépied sa main droite armée d'un poignard.

A. 1. **BR.** Très belle.

64. MALIPIERI (Vincenzo), fils d'Andrea, né en 1476.

Dia. 63. « VINCENTIVS . MARIPETRO . AND . F . AN . AET . XLVII. »
— ℞ « REGALIS . CONSTANTIA . — MDXXVIII . »

Au droit : Buste à droite de Vincenzo Malipieri, tête nue, sans barbe,
avec une longue et épaisse chevelure. — Au revers : Un aigle couronné,
les ailes déployées, posé sur un monticule. A. 2. **BR.** Belle.

65. MALIPIERI (Francesco), fils d'Andrea, né en 1493.

Dia. 63. « FRANCISCVS . MARIPETRO . ANDREÆ . F . AN . XXX . »
— ℞ « FIRMÆ . ET . PERPETVÆ . CARITATI . MDXXIII. »

Au droit : Buste à droite de Francesco Malipieri, tête nue, barbu, avec
longue et épaisse chevelure. — Au revers : Un pélican, les ailes déployées,
posé sur un arbre qui s'élève sur un monticule. A. 3. **BR.** Belle,

TORRE (Giulio della)

JURISCONSULTE ET MÉDAILLEUR VÉRONAIS

Giuilio della Torre est mentionné de 1504 à 1540.

66. NICONIZIO (Francesco), de Curzola, célèbre jurisconsulte. Il vivait au commencement du seizième siècle.

Dia. 113. « FRANCISCVS . NICONITIVS . NIGROCORCYREVS . C . »
— ℞ « SOLO . PER . LEI' . LSVO . INTELLETT' . ALZAI . OV' . ALZATO .
PER . SE NON . FORA MAI . »

Au droit : Buste à gauche de Niconizio, tête nue, barbu, cheveux longs,
vêtu d'une robe à collet de fourrure. — Au revers : Mercure nu, debout,
près d'un palmier. (Gravée. Pl. IV, n. 2) A. 25. **BR.** Magnifique médaille.

CAVALLERINO (Niccolo)

ORFÈVRE, SCULPTEUR ET MÉDAILLEUR MODÉNAIS

Cette médaille a dû être faite vers 1535.

**67. Argentina PALLAVICINI, femme de Guido Rangoni.
+ 1550.**

Dia. 64. « ARGENTINA . RANGONA . PA . DICAVIT . » — ℞ « FIDES .
ET . SANCTA . SOCIETAS . »

Au droit : Buste à gauche d'Argentina. Le derrière de la tête est garni
d'un réseau bouffant et élevé. — Au revers : Un Génie volant pose une
couronne sur la tête d'une jeune femme assise et tournée à droite. Au
fond, à droite, un fleuve nu, couché, armé du trident. A. 4. BR.

CELLINI (Benvenuto)

ORFÈVRE, SCULPTEUR, GRAVEUR EN MONNAIES
ET MÉDAILLEUR FLORENTIN

Né en 1500 + 1571.

**68. BEMBO (Pietro), Vénitien, né en 1470 ; fait cardinal
en 1538 + 1547.**

Dia. 56. « PETRI . BEMBI . CAR . » — ℞ Sans légende.

Au droit : Buste à droite de Bembo, tête nue, front découvert, longue
barbe, vêtu du camail. — Au revers : Pégase galopant vers la droite.
 A. 1. BR. Très belle.

**69. Le pape CLÉMENT VII (Giulio de' MEDICI), né
en 1478 ; élu pape en 1523 + 1534.**

Dia. 39. « CLEMENS.VII.PONT.MAX.AN.XI. — MDXXXIIII. » —
℞ « CLAVDVNTVR.BELLI.PORTAE. »

Au droit : Buste à gauche de Clément VII, tête nue, rasé avec une
mince couronne de cheveux, barbu, vêtu de la chape.—Au revers ; La Paix
brûlant des armes devant le temple de Janus. A. ?. BR. Belle.

Le Médailleur au signe de Mars

70. MEDICI (Alessandro de'), premier duc de Florence, né en 1510 ; fait duc de Florence en 1532 ; tué en 1537.

Dia. 46. — « ALEX . MED . FLORENTIAE . DVX . PRIMVS . » — ℞ « FVN-DATOR . QVIETIS . MDXXXIIII . »

Au droit : Buste à droite d'Alexandre de Médicis, tête nue, cheveux crépus ; draperie à l'antique. — Au revers : La Paix tournée à gauche, brûlant des armes.   A. 2. BR.

SPINELLI (Andréa)

GRAVEUR EN MONNAIES ET MÉDAILLEUR VÉNITIEN

La plupart de ces médailles ont été faites vers 1540.

71. VENISE (Andrea GRITTI, doge de), né en 1454 ; élu doge en 1523 + 1538.

Dia. 37. « ANDREAS . CRITI . DVX . VENETIAR . MDXXIII . » — ℞ « DIVI . FRANCISCI . MDXXXIIII . — AN . SP . F . »

Au droit : Buste à gauche d'Andrea Gritti, barbu, portant la corne et la robe ducale. — Au revers : Vue perspective de l'église de San Francesco della Vigna, à Venise.   A. 4. BR. Belle.

SANGALLO (Francesco da)

SCULPTEUR ET ARCHITECTE FLORENTIN

Né en 1494 + 1576.

72. MEDICI (Giovanni de'), dit « Giovanni delle bande nere », né en 1498 + 1526.

Dia 93. « IOANNES . MEDICES . DVX . FORTISS . — MDXXII . — FRANC . SANGALLIVS . FACIEB . » — ℞ « NIHIL . HOC . FORTIVS . »

Au d roit : Buste à droite de Jean de Médicis, tête nue, cheveux courts couvert d'une armure. — Au revers : Un foudre muni de deux paires d'ailes.   A. 2. BR. Belle.

73. MARSUPPINI (Elena), femme de Francesco da San-gallo.

Dia. 97. ℞ « HELENA.MARSVPINI.CONSORTE.FIOREN.A.M.D.LI. »

Buste à gauche d'Elena, tête nue, avec petite coiffe en arrière; corsage montant avec chemisette plissée. **A. 7. Variante BR.**

74. Le pape LÉON X (Giovanni de MEDICI), né en 1475, élu pape en 1513 + 1521.

Dia. 75. « LEO.X.P.MAX. » — ℞ « GLORIA.ET.HONORE.CORO-NASTI.EV.DE. »

Au droit : Buste à gauche de Léon X, la tête couverte d'une grande calotte, vêtu du camail. — Au revers : L'écusson des Médicis surmonté de la tiare et des deux clefs. **A. 10. BR. Belle.**

LEONE LEONI

ORFÈVRE, SCULPTEUR, GRAVEUR EN MONNAIES ET MÉDAILLEUR

Originaire d'Arezzo, né à Menaggio vers 1510 + 1592.

75. BUONARROTI (Michelangelo), peintre, sculpteur et architecte florentin, né en 1475 + 1564.

Dia. 58. « MICHAELANGELVS . BONARROTVS . FLOR.AET.S.ANN. 88. — LEO. » — ℞ « DOCEBO . INIQVOS.V.T.ET.IMPII.AD.TE. CONVER. »

Au droit : Buste à droite de Michel-Ange, tête nue, barbu. — Au revers : Un aveugle marchant vers la droite, tenant un bâton, et conduit par son chien. **A. 6. Ar. Belle.**

76. DORIA (Andrea), amiral génois, né en 1466 + 1550.

Dia. 44. « ANDREAS.DORIA.P.P. » — ℞ Sans légende.

Au droit : Buste à droite d'Andrea Doria âgé, tête nue, barbu, cuirassé, avec écharpe. Derrière la tête est un trident. — Au revers : Buste à droite d'un jeune homme à barbe naissante, tête nue. Ce buste est entouré d'un cercle de chaines. **A. 8. BR. Belle.**

77. Dia 44. Même type.

Au revers : Une galère munie de ses rameurs, marchant vers la droite.

Sur le premier plan, on voit une barque montée par deux hommes.

A. 9. BR. Très belle.

78. Dia. 41. Un autre exemplaire.

A. 9. BR. Aussi belle.

38

79. ESPAGNE (PHILIPPE II, roi d'), né en 1527; roi en 1556 + 1598.

280...

Dia. 81. « PHILIPVS.AVSTR.CAROLI.V.CAES.F. » — ℞ « COLIT. ARDVA.VIRTVS. — LEO.F. — ERCVLES. — VIRTVS. — VOLVPTAS. »

Au droit : Buste à gauche de Philippe II jeune, tête nue, cheveux courts et frisés, barbe naissante, couvert d'une armure à l'antique avec draperie de même et collier de la Toison d'or. — Au revers : Hercule nu, tenant sa massue, marchant vers la gauche. Il est accueilli par deux femmes drapées, dont l'une (la Vertu) lui montre des monuments érigés au sommet d'une montagne escarpée, et l'autre (la Volup é) lui montre des instruments de musique, des objets précieux surmontés d'une tête de satyre.

A. 11. BR. Très belle.

80. GONZAGUA (FERRANTE), prince de Guastalla, né en 1506 + 1557.

20 Egger

Dia. 72. « FER . GONZ . PRÆF . GAL . CISAL . TRIB . MAX.LEGG . CAROLI.V.CAES.AVG. »

Au droit : Buste à gauche de Ferrante Gonzague, tête nue, front découvert, barbu, couvert d'une riche armure avec écharpe. Il porte la décoration de la Toison d'or.

A. 12. Très belle. Étain.

81. HANNA (JEAN), né vers 1533 + 1591.

22 Rollin

Dia. 32. « IOANNES . HANNA . » — ℞ « NVMINA.CVNCTA.EGO.»

Au droit : Buste à droite de Jean de Hanna, tête nue, barbu. — Au revers : Femme drapée, debout, tenant un sceptre.

A. 33. BR. Belle.

82. PERRENOT (ANTOINE), cardinal de GRANVELLE.

470 Rollin

Dia. 60. « ANTONII.PERRENOT . EPISC . ATREBATEN. » — ℞ « DVRATE. »

Au droit : Buste à droite d'Antoine Perrenot, tête nue, barbu. — Au revers : Le vaisseau d'Énée en danger d'être englouti par Scylla.

A. 30. BR. Belle.

CESATI (Alessandro), dit Il Grechetto

GRAVEUR EN PIERRES FINES ET MONNAIES.

La date moyenne de ses travaux peut être placée vers 1550.

83. Le pape PAUL III (Alessandro FARNESE), né
en 1466; élu pape en 1534 + 1549.

Dia. 44. « PAVLVS . III . PONT . MAX . AN . XI . » — ℞ « ΦΕΡΝ.
ΗΖΗΝΟΣ . ΕΥΡΑΙΝΕΙ.

Au droit : Buste à droite de Paul III, tête nue, chauve, barbu, vêtu de
la chape. — Au revers : Ganymède nu, debout, la main gauche appuyée
sur le cou d'un aigle, tient dans l'autre main une urne avec laquelle il
arrose un lis, emblème de Farnèse.   A. 5. Bronze dorée.

ANNIBAL

Signature d'un médailleur qui devait travailler vers 1550.

84. Dia. 52. « GONSALVI . AGIDARI . VICTORIA . — DE . GALLIS . AD.
CANNAS . » — ℞ « GONSALVVS . AGIDARIVS . TVR . GAL . DEI . R . Q . C.
D . DICTATOR . III . PARTA . ITALIE . PACE . IANVM . CLAUSIT . »

Au droit : Un combat de cavaliers et fantassins. Au fond, on voit une
ville. — Au revers : L'écusson des armes de Gonzalve ayant pour sup-
ports deux hommes nus : à gauche, Hercule avec sa massue; à droite,
Janus tenant deux clefs.   A. 2. BR.

CAVINO (Giovanni)

MÉDAILLEUR PADOUAN

Né vers 1500 + 1570.

85. BASSIANO (Alessandro).

Dia. 37. « ALEXAND . BASSIANVS . ET . IOHAN . CAVINEVS . PATA-
VINI . » — ℞ « MARCVS . MANTVA . BONAVITVS . PATAVINVS . IVR . CON . »

Au droit : Bustes à droite superposés de Bassiano et de Cavino, tous
deux tête nue et barbus. — Au revers : Buste à gauche de Marco Bena-
vides.   A. 7. Très belle.

86. Le pape JULES III (GIAMMARIA DEL MONTE), né
en 1487; élu pape en 1550 + 1555.

Dia. 48. « IVLIVS.TERTIVS.PONT.MAX.A.V. — IO.CAVINO.
P. » — R̸ « ANGLIA.RESVRGES. — VT.NVNC.NOVISSIMO.DIE. »

Au droit : Buste à droite de Jules III, tête nue, vêtu de la chape. — Au
revers : Le Pape, ayant à ses côtés la reine Marie Tudor, avec un cardinal
et deux princes, tend la main à une femme personnifiant l'Angleterre, à
genoux devant lui. Médaille faite à l'occasion du mariage de Marie Tudor
avec Philippe II en 1554.   A. 27. Ar. Très belle.

PASTORINO

(PASTORINO DI GIOVAN-MICHELE DE' PASTORINI)

PEINTRE, VERRIER, GRAVEUR DE MONNAIES ET MÉDAILLEUR SIENNOIS

Né vers 1508 + 1592.

87. ARIOSTO (LODOVICO), poète, né à Reggio (Emilie) en
1474 + 1533.

Dia. 38. « LVDOVICVS.ARIOSTVS.POET. — P. » — R̸ « PRO.
BONO.MALVM. »

Au droit : Buste à gauche de l'Arioste, tête nue, barbu, couronné de
laurier. — Au revers : Des abeilles voltigeant au-dessus d'une ruche dont
la base est entourée de flammes.   A. 2. BR. Très belle.

88. ESTE (NICCOLO D'), fils de Francesco, né en 1545.

Dia. 69. « NICOLAVS.ESTN.FRANC.FILIVS.A.A.XIIII. — 1559.
P. » — Sans R̸.

Buste à gauche de Niccolo d'Este, tête nue, cheveux courts, cuirassé,
avec écharpe. — Collection J.-C. Robinson, à Londres.
                    A. 31. Belle. Etain.

89. GONZAGA (ELÉONORE D'AUTRICHE, femme de
GUGLIELMO Iᵒ), né en 1534; mariée en 1561 + 1594.

Dia. 71. « LEONORA . DVCISSA . MANTVAE. — 1561. P. » —
Sans R̸.

Buste à gauche d'Éléonore, coiffée d'une toque plate par-dessus une
résille ; corsage montant à collet droit ; petite fraise.
                    A. 64. Belle. Etain.

90. MEDICI (Francesco d'), deuxième grand-duc de Toscane, né en 1541 ; grand-duc en 1574 + 1587.

Dia. 68. « FRANCISCVS.MEDICES.F.PRINCEP. — P. 1560. »

Au droit : Buste à droite de François de Médicis jeune, sans barbe, tête nue, cuirassé. **A. 82. Belle. Etain.**

BONZAGNA (Gianfederigo)

DIT
FEDERIGO PARMENSE

ORFÈVRE, SCULPTEUR ET MÉDAILLEUR PARMESAN.

Il vivait encore en 1586.

91. FARNESE (Pierluigi), premier duc de Parme, né en 1503 ; créé duc de Parme en 1545 ; tué en 1547.

Dia. 39. « P.LOYSIVS.F.PARM.ET.PLAC.DVX.I. — F.PARM. » — ℞ « AD.CIVITAT.DITIONIS.Q.TVTEL.MVNIM.EXTRVCTVM. »

Au droit : Buste à droite de Pierre-Louis Farnèse, tête nue, barbu, cuirassé. — Au revers : Vue cavalière de la citadelle de Parme.
A. 6. Bronze doré. Belle.

92. Le pape GRÉGOIRE XIII (Ugo BUONCOMPAGNI), né en 1502 ; élu pape en 1572 + 1583.

Dia. 37. « GREGORIVS.XIII.PONT.MAX.ANNO.IVBILEI.— FED. PARM. » — ℞ « DOMVS.DEI.ET.PORTA.COELI.1575. »

Au droit : Buste à gauche de Grégoire XIII, tête nue, barbu, vêtu de la chape. — Au revers : Le Pape, un marteau à la main, et suivi des cardinaux, ouvrant la porte sainte. **A. ǥ. BR. Belle.**

GALEOTTI (Pietro-Paolo)

DIT
PIETRO PAOLO ROMANO

ORFÈVRE, GRAVEUR EN MONNAIES ET MÉDAILLEUR ROMAIN

Il travaillait déjà en 1532 (date moyenne 1561).

93. TAVERNA (Francesco), comte de Landriano + 1561.

Dia. 47. « FRAN.TABERNA.CO.LANDR.MAGN.CAN.STA.MEDIOL.
AN.LXVI. — PPR. » — R) « IN.CONSTANTIA.ET.FIDE.FELICITA. »

Au droit : Buste à droite de Francesco Taverna, tête nue, barbu, vêtu
d'une robe. — Au revers : Un lévrier assis sur une base de colonne, re-
gardant à gauche.   A. 38. BR. Belle.

POGGINI (Gianpaolo)

ORFÈVRE, GRAVEUR EN PIERRES FINES ET MONNAIES
ET MÉDAILLEUR FLORENTIN.

Né en 1518 + 1582.

94. ESPAGNE (PHILIPPE II, roi d'), né en 1527 ; roi
en 1556 + 1598.

Dia. 42. « PHILIPPVS.D.G.ET.CAR.V.AVG.PAT.BENIGNIT.HISP.
REX.1557. — R.PAVL.POG.F. » — R) « VT.QVIESCAT.ATLAS. »

Au droit : Buste à gauche de Philippe II, tête nue, barbu, cuirassé. —
Au revers : Hercule portant le globe du monde.   A. 1. BR. Belle.

TREZO (Jacopo da)

SCULPTEUR, GRAVEUR EN PIERRES FINES ET MÉDAILLEUR MILANAIS

Il travailla beaucoup en Espagne, et mourut à Madrid en 1589.
Ses médailles portent les dates comprises entre 1552 et 1578

95. ESPAGNE (PHILIPPE II, roi d'), né en 1527 ; roi
d'Espagne en 1556 + 1598.

Dia. 61. « PHILIPPVS.REX, PRINC.HISP.ÆT.S.AN.XXVIII. —
IAC.TREZZO.F.1555. » — R) « IAM.ILLVSTRABIT.OMNIA. »

Au droit : Buste à droite de Philippe II, tête nue, barbu, couvert d'une
armure ; une écharpe autour du bras droit. — Au revers : Apollon sur
un char traîné par quatre chevaux galopant vers la droite, passant au-
dessus de la mer.   A. 2. BR. Belle.

96. MARIE TUDOR, reine d'Angleterre, 1553 + 1558.

Dia. 66. « MARIA.I.REG.ANGL.FRANC.ET.HIB.FIDEI.DEFENSA-TRIX. — IAC.TREZ. » — R/ « CECIS.VISVS.TIMIDIS QVIES. »

Au droit : Buste à gauche de Marie Tudor, les cheveux couverts d'une coiffe ornée d'un cercle de perles, avec un voile tombant sur les épaules ; corsage montant en riche étoffe avec collet rabattu. — Au revers : Une femme drapée et couronnée assise, tournée à droite; elle tient une palme dans la main droite, et dans la gauche une torche avec laquelle elle brûle des armes. A. 3. BR.

97. GONZAGA (Isabella CAPUA), femme de Ferrante), mariée en 1529 + 1559.

Dia. 70. « ISABELLA . CAPVA . PRINC . MALFICIT FERDIN. GONZ. VXOR. — IAC.TREZO. »

Au droit : Buste à droite d'Isabella Capua, tête nue, avec une sorte de diadème et un voile tombant en arrière. A. 7. BR. Belle.

POGGINI (Domenico)

ORFÈVRE, SCULPTEUR ET MÉDAILLEUR FLORENTIN.

Né en 1520, il était encore graveur de la monnaie papale en 1586.

98. MEDICIS (Cosimo I° de), premier grand-duc de Toscane, né en 1659 + 1574.

Dia. 42. « COSMVS . MED.R . P . FLOREN.DVX II. » — R/ « THVSCORVM.ET.LIGVRVM.SECVRITATI. — ILVA.RENASCENS. »

Au droit : Buste à droite de Cosme, tête nue, barbu, cuirassé, avec écharpe. — Au revers : Neptune couché à l'entrée d'un port garni de six galères. Allusion aux travaux entrepris par Cosme dans l'île d'Elbe, après la cession de cette île par l'Espagne. A. BR. Belle.

99. TODINI (Niccolo), gouverneur du château Saint-Ange, à Rome.

Dia. 44. « NICOL.TODIN.ANC.ARCIS.S.ANG.PREFECTVS. — D. P. » — R/ Sans légende.

Au droit : Buste à droite de Niccolo Todini, tête nue, barbu, cuirassé. — Au revers : Le château Saint-Ange. A. 28. BR. Belle.

MELON ou MILON (Giovanni)

MÉDAILLEUR

Ses médailles ont été faites entre 1571 et 1579
(date moyenne, 1575).

100. AUTRICHE (Don Juan d'), né en 1545 + 1578.

Dia. 42. « IOANNES.AVSTRIÆ.CAROLI.V.FIL.ÆT.SV.ANN.XXIII.
— IO.V.MILON F.1571. »

℞ « VENI ET VICI TVNIS. »

Neptune, au milieu des flots, frappant de son trident des Turcs qui se
sauvent à la nage. Au fond est la ville de Tunis. Allusion à l'expédition
de don Juan à Tunis vers la fin de 1574.   A. 1. Ar. Belle.

ABONDIO (Antonio) le Jeune

PEINTRE, SCULPTEUR ET MÉDAILLEUR MILANAIS

Né en 1538 + 1591.

101. AUTRICHE (MARIE d'), femme de Maximilien II,
née en 1528 ; mariée en 1548 + 1603.

Dia. 58. « MARIA.IMPER.MDLXXV.AN.AB. » — Sans ℞.

Buste à gauche de Marie d'Autriche, les cheveux relevés avec une coiffe
en arrière ; corsage montant avec collet droit et fraise.
                                        A. 4. 5. Belle. Étain.

102. ALLEMAGNE (RODOLPHE II), 1552 + 1612.

Dia. 46. « RVDOLPHVS.II.ROM.IMP.AVG. » — ℞ « SALVTI.
PVBLICÆ. »

Au droit : Buste à droite de Rodolphe II. — Au revers : Un aigle, les
ailes déployées.   A. 7. Belle.

103. MATHIAS, empereur, 1612 + 1619.

Dia. 48. « MATHIAS.MAXIMILIANVS.ARCHI.AVST. — A.A.» —
Sans ℞.

Bustes conjugués à droite des archiducs Mathias et Maximilien enfants,
tête nue, cheveux courts, vêtements à collet droit, petite fraise.
                                        A. 15. Étain.

FRAGNI (Lorenzo)

DIT

LORENZO PARMENSE

ORFÈVRE, GRAVEUR EN MONNAIES ET MÉDAILLEUR PARMESAN

Ses médailles ont été faites de 1573 à 1586

104. MADRUZZO (Cristoforo), né en 1512; cardinal en 1542 + 1578.

Dia. 43. « CHRISTOPHORVS.MAD.ET.C.CARD.TRIDEN. — LAV.
PAR. » — ℞ « REVIXIT. — LP. — LP. »

Au droit : Buste à gauche de Cristoforo avec barbe et cheveux courts,
coiffé de la barrette, vêtu du camail. — Au revers : Le Phénix sur son
bûcher.   A. 1. Belle. Bronze doré.

RANC ou RANG (Giorgio)

MÉDAILLEUR FLORENTIN

Ses médailles sont comprises entre 1593 et 1604

105. Le pape CLÉMENT VIII (Ippolito ALDOBRAN-
DINI), né en 1536; élu pape en 1592 + 1605.

Dia. 33. CLEMEMS.VIII.PONT.MAX.AN.IX.GIOR.RAN.

Au droit : Buste à gauche du pape, tête nue, vêtu de la chappe. —
Au revers : la porte sainte murée.   A. 13. BR. Belle.

106. CONSTANTIN le Grand, empereur romain, né en
274; empereur en 306 + 337.

A Page 8.5. Dia. 94.«CONSTANTINVS.IN.XPO.DEO FIDELIS.IMPE-
RATOR. ET. MODERATOR. ROMANORVM. ET. SEMPER. AVGVSTVS. —
℞ « MIHI . ABSIT . GLORIARI . NISI . IN . CRVCE . DOMINI . NOSTRI . IIIV.
XPI. »

                                                                 BR.

107. TOSCANI (Giovanni Lodovico), jurisconsulte milanais.
Il fut en faveur auprès de Sixte IV, et mourut en 1474.

Page 28 n° 14. Dia. 33. « IOANNES . ALOISIVS . TVSCANVS.
AVDITOR.CAM. » — ℞ « QVID.NON.PALLAS. — L. — P. »

Au droit : Buste à gauche de Toscani, tête nue, couronnée de laurier.

— Au revers : Pallas debout sur un dragon, casquée, armée d'un bouclier et d'une haste autour de laquelle s'enroule un serpent. BR. Belle.

108. PONTANO (Giovanni Gioviano), poète, né en 1426 +1503.

A. Page 30. n° 10 Dia. 85. « IOANNES.IOVIANUS.PONTANVS. » — R). « VRANIA. »

Au droit : Buste à droite de Pontano, tête nue, front chauve, cheveux courts. — Au revers : Femme drapée, debout, tournée à droite. Elle tient d'une main une lyre et de l'autre un globe. BR. Belle.

109. Le pape PAUL II (Pietro BARBO), Vénitien, né en 1418 ; fait cardinal en 1440 ; élu pape en 1464+ 1471.

A. Page 31 n° 2. Dia. 34. « PETRVS.BARBVS.VENETVS.CARDINALIS. S. MARCI. » — R) « HAS . AEDES . CONDIDIT . ANNO . CHRISTI . MCCCCLV. »

Au droit : Buste à gauche du cardinal Pietro Barbo, tête nue, vêtu d'un camail. — Au revers : L'écusson des Barbo surmonté du chapeau de cardinal. BR. Belle.

110. A. Page 32 n° 4. Dia 33. « PAULVS II VENETVS.PONT.MAX. — R) « HAS.AEDES.CONDIDIT.ANNO.CHRISTI.MCCCCLXV.

Au droit : Buste à gauche de Paul II, tête nue, vêtu de la chape. — Au revers : Le Palais de Venise à Rome. BR. Belle.

111. A, page 32 n. 6. R) « HAS.AEDES. CONDIDIT.ANNO.CHRISTI. MCCCCLXV. »

L'écusson des Barbo surmonté de la tiare. BR

112. A. page 32, n° 7. R) « LETITIA.SCHOLASTICA. — A. BO. » Une femme debout entre deux enfants. BR.

113. Page 33. n° 9. Dia. 37. « PAVLUS..II.VENETVS.PONT. MAX. »

Au droit : Buste à gauche de Paul II, tête nue, vêtu de la chape. — Au revers : L'écusson des Barbo surmonté de la tiare. BR.

114. Page 33. n° 17. Dia 48 × 33. « PAVLO.VENETO.PAPE. II.ITALICE.PACIS.FVNDATORI — ROMA. » R) Sans légende.

Au droit : Buste à droite de Paul II, tête nue, vêtu de la chape. — Au revers : Écusson des Barbo surmonté des clefs. BR. Belle.

115. Dia 48×33. Un autre exemplaire.   BR. Belle.

116. Dia 48×33. Un autre sans revers.   BR. Belle

117. ALLEMAGNE (FRÉDÉRIC III, empereur d'), né en 1415; élu empereur en 1452 × 1493.

Page 39 n° 1. Dia. 56. « FREDERICVS.TERCIVS. ROMANORUM. IMPERATOR.SEMPER . AVGVSTVS. » — ℞ « CXXII.EQVITES.CREAT. KALENDI. IANVARI.MCCCCLXIX. »

Au droit : Buste à gauche de Frédéric III, sans barbe, cheveux longs coiffé d'un bonnet, couvert d'un vêtement à large collet de fourrure. — Au revers : Cavaliers passant sur un pont derrière une balustrade ornée de guirlandes   BR. Belle.

118. BOURGOGNE (CHARLES, duc de), surnommé « le Téméraire », duc de Bourgogne en 1467 × 1477.

Page 40. n. 1 Dia 39. « DVX.KAROLVS.BVRGVNDVS. » — ℞ « IE. LAI.EMPRINS.BIENEN AVEINGNE. — VELLVS. — AVREVM. »

Au droit : Buste à droite de Charles le Téméraire, tête nue, cheveux longs, couronné de laurier. — Au revers : Au centre, un bélier couché entre deux briquets; sur le champ, des flammes : le tout entouré d'une couronne de laurier.   BR. Très belle.

119. ESTE (ERCOLE), deuxième duc de Ferrare, né en 1471 + 1505.

A. Page 44. n° 3. Dia. 51. « HERCVLES.DVX.FERA.MV.ET. » — ℞ « MINERVA. »

Au droit : Buste à gauche d'Hercule 1er, couvert d'une cotte de mailles et d'une cuirasse, coiffé d'une calotte. — Au revers : Minerve debout, armée de la lance et de l'égide.   BR. Très belle.

120. TROTTI (ALFONSO).

A. Page 47. 21. Dia. 66. « ALFONSVS.BR.DE.TROTT.DVC.FISCI. FE.GVB. » — ℞ « TERTIA.IAM.VIVIT.MATVRAETAS. »

Buste à gauche d'Alfonso Trotti, coiffé d'un bonnet, cheveux longs, couvert d'un manteau à large collet. — Au revers : une femme à gauche.   BR.

121. FICINO (Marsilio), Florentin, philosophe et érudit, né en 1433 + 1499

A. Page 49. 8. Dia. 55. « MARSILIVS.FICINVS.FLORENTINVS. » — R) « PLATONE. »

Au droit : Buste à gauche de Marsillo Ficino âgé, coiffé d'une calotte, cheveux longs, vêtu d'une robe. — Au revers : Inscription sur le champ. BR. Un peu ébréchée.

122. MAFFEI (Raffaello), de Volterra, né en 1451 + 1522.

A. Page 52. 24. Dia. 85. « RAPHAEL.MAFFEVS.VOLATERR.SCRIPT. APOS. » — R) « SIC.ITVR.AD.ASTRA. »

Au droit : Buste à gauche de Raphaël Maffei, jeune, coiffé d'une calotte; chevelure longue et bouclée; vêtu d'une robe. — Au revers : Maffei et un autre personnage, tous deux debout. Magnifique médaille, collection Ruspoli. (Gravée. Pl. IV. n° 3.) BR.

123. SANNAZARO (Jacopo), poète napolitain, né en 1458 + 1538.

A. Page 60. 10. Dia. 35. « ACTIVS.SYNCERVS. » — R) Sans légende.

Au droit : Buste à gauche de Sannazar, tête nue, cheveux longs, couronné de laurier. — Au revers : La Vierge, saint Joseph et des anges adorant l'enfant Jésus. BR. Belle.

124. ORSINI (Niccolo), comte de Petigliano et de Nola, né en 1442 + 1510.

A. Page 64. 16. Dia. 42. « NIC.VRS.PET.ET.NOL.COMES.SANTE. ROM.ECCLE.ARMOR.CAP. » — R) « NIC.VRS.PETILIANI.ET.NOLAE. COMES.REIP.FLOR.CAP. »

Au droit : Buste à gauche de Nicolas Orsini, tête nue et chauve, cuirassé. — Au revers : Nicolas Orsini en armure, le bâton de commandement à la main, sur un cheval marchant à droite. Il est accompagné de deux soldats armés de hallebardes. BR.

125. ORSINI (Paolo), marquis d'Atripalda, Il fut tué à Naples en 1502.

A. Page 65. 19. Dia. 37. « IO.PAVLVS.VRSINVS.ATRIPALDE.COMES. » — R) — TE.SEQVOR.AN.XXXV. »

Au droit : Buste à gauche de Giampolo Orsini, coiffé d'une calotte, les cheveux longs, cuirassé. — Au revers: Un jeune homme à demi couvert de vêtements flottants, monté sur un cheval galopant vers la droite. BR. Très belle.

126. RUGGIERI (Tommaso).

A. Page 67. 30. Dia. 73. « RVGERIVS. THOMAS. II. » — ℞ Sans légende.

Au droit : Buste à droite de Ruggieri à l'âge d'environ vingt-cinq ans, coiffé d'un bonnet en forme de calotte ; cheveux longs et bouclés — Réunion des instruments nécessaires à l'étude et parmi un livre ouvert. BR. P.

127. VENISE (Marco BARBADIGO, doge de), élu en 1485 + 1486.

A. Page 70. n° 1. Dia. 77. « MARCVS. BARBADIGO. DVX. VENECIAR. » — ℞ « SERVAVI. BELLO. PATRIAM. MORBO. QVE. FAME. QUE. IVSTITIAM. FOVI. PLVS. DARE. NON. POTVI. »

Au droit : Buste à droite de Marco Barbadigo, coiffé de la couronne ducale. — Au revers: Inscription au milieu d'une couronne. Etain.

128. CORNELIO (Giovanni).

A. Page 70. n° 5 Dia. 43. « IO. CORNELIVS. MONACOR. CASIN. COLVMEN. » — ℞ « PIETAS. EVANGELICA. »

Au droit : Buste à gauche de Giovanni Cornelio, tête nue, chauve, vêtu de l'habit monastique. — Au revers: Le bon pasteur portant une brebis sur les épaules, marchant derrière son troupeau. BR. Très belle,

129. ANONYME?

A. Page 72. 12. Plaq. 44 + 27. Sans légende. — ℞ « CAPILI. COLLEO. BERG. COPSRE. D. SVMM. B. M. »

Au droit : Buste à gauche d'un jeune homme, tête nue, cheveux bouclés, vêtu d'une robe. — Au revers : Inscription sur le champ. COLLECTION J. C. ROBINSON, à Londres. BR.

130. COSMICO (Niccolo Lelio), poëte padouan, vers 1478.

A. Page 72. 13. Dia. 37. « N.L.COSMICI.POETAE.CL. » — R̉
« GENIVS. »

Au droit : Buste à gauche de Cosmico âgé, sans barbe, la tête couverte d'un bonnet, cheveux longs. — Au revers : Pégase galopant vers la gauche.
BR.

131. AGOSTO DA UDINE, poète et astrologue.

A. Page 72 nᵒ 15. Dia. 32. «AVGVSTVS.VATES.»— R̉ «VRANIA.»

Au droit : Buste à gauche d'Auguste d'Udine, tête nue, cheveux longs et lisses, couronné de laurier — Au revers : Uranie debout.
BR. Très belle.

132. BELTRAMOTI (GIROLAMO).

A. Page 91 nᵒ 14. Dia. 67. «HIERONIMVS.BELTRAMOTVS.FER-RARIEN.PROTONOTARIVS.» — R̉ « HONORANDA.PATIENTIA.»

Au droit : Buste de Girolamo Beltramoti, coiffé d'un bonnet, barbu, cheveux longs, vêtement à large collet rabattu. — Au revers : Deux hommes attachant à une colonne une femme qui tient en laisse deux lions; à gauche, deux personnages fuyant.
BR. Belle.

133. MEDICI (GIULIANO II DE'), duc de Nemours, né en 1478 + 1516.

133. A. page 94. 2. Dia. 53. « MAGNVS.IVLIANVS.MEDICES. » R̉ — « DVCE.VIRTVTE.COMITE.FORTVNA.MDXIII. »

Au droit : Buste à gauche de Julien II, tête nue, sans barbe, avec draperie à l'antique. — Au revers : La Vertu et la Fortune se donnant la main.
BR. Belle.

134 A. Page 94. 3. Dia. 34. « MAG.IVLIANVS.MEDICES. » — R̉ «ROMA. — C. — P. »

Au droit : Buste à gauche de Julien II, tête nue, sans barbe. — Au revers : Femme drapée à l'antique, assise sur des armes et tournée à gauche, tenant sur sa main droite une figure de la Victoire.
BR. Belle.

135. MEDICI (GIOVANNI DE'), surnommé « DELLE BANDE NERE », né en 1498.

A. Page 95. 8. Dia. 57. « GIOVANNI.DE.MEDICI. » — ℞ « FOLGORE. DI.GVERRA. »

Au droit : Buste à gauche de Jean de Médicis. — Au revers : La foudre sortant d'un nuage.   BR.

136. FRANCESCONI (Bernardino), de Sienne.

A. Page 98. 21. Dia. 45. « BERNARDINVS.FRANCISCONVS.SENE-SIS. » — ℞ « BER.FRAN.FVNDAVIT.HANC.DOMVM.A.D.M.D.XX. »

Au droit : Buste à gauche de Bernardino, sans barbe, coiffé d'un bonnet. — Au revers : Un écusson avec les armes des Francesconi.   Bronze doré.

137. MADELEINE DE MANTOUE, 1504.

A. Page 101. 12. Dia. 37. « MADALENE.MANTVANE.PM. » — ℞ « NON.SANA. »

Au droit : Buste à droite de Maddalena, tête nue, avec une petite coiffe en arrière. — Au revers : Un cygne monté sur un carquois, levant la tête vers le ciel.   BR. Belle.

138. ROSSI (Bernardo), comte de Borceto; fait évêque de Trévise en 1499 + 1527.

A. 105. 19. Dia. 66. « BER.RV,CO.B.EPS.TAR.LE.BO.VIC.GV. ET.PRAE. » — ℞ « OB.VIRTVTES.IN.FLAMINIAM.RESTITVTAS. »

Au droit : Buste à droite de Bernardo Rossi, coiffé de la barette, vêtu du camail. — Au revers : Femme debout sur un char traîné par un aigle et un dragon.   BR. Belle.

139. ANDREASI (Girolamo), comte de Ripalda.

A. Page 107. 3. Dia. 48. « HIERONYMVS.ANDREASIVS.EQ. » — ℞ « COMESQ.RIPALTAE. »

Au droit : Buste à droite de Girolamo Andreasi, tête nue, cheveux longs, barbe courte. — Au revers : Un cygne tourné à gauche, une étoile au-dessus.   BR. Belle.

140. VICTORIA COLUMNA, femme de Francesco d'A-valos, 1490 + 1547.

A. Page 108. 8. Dia. 43. « D.VICTORIA.COLVMNA. » — R̸ Sans légende.

Au droit : Buste à gauche de Vittoria Colonna, la tête et les épaules couvertes du voile des veuves. — Au revers : Dans une couronne de laurier, le Phénix au milieu des flammes.　　　　　BR.

141. CARAFFA (Andrea), comte de Sanseverino. Il fut vice-roi de Naples en 1525 + 1526.

A. page 108. 11. Dia. 67. « AND.CARAFA.S.SEVERINE.COMES. » — R̸ « CONTERET.CONTRARIA.VIRTVS. »

Au droit : Buste à droite d'Andrea Caraffa, casqué, cuirassé. — Au revers : Un écu entre une épée à droite et une balance à gauche.

142. PALOMAR (Giovanni).

A. Page 109. 14. Dia. 44. « IOHANNES.PALOMAR.REGIVS.ORATOR. » — R̸ Sans légende.

Au droit : Buste à droite de Giovanni Palomar âgé, sans barbe, coiffé d'une sorte de calotte. — Au revers : au milieu d'une couronne de laurier, un monogramme composé d'un I et d'un D.　　　Fruste. Étain.

143. JULES II, pape en 1503 + 1513.

Page 110. 5. Dia. 46. « IVLIVS.SECVNDVS.PONT.MAX. » — R̸ « VIA.IVL.III.ADIT.LON M.ALTIL.XX.P. — VATICANVS.M.»

Au droit : Buste à gauche de Jules II, vêtu du camail, coiffé d'une grande calotte. — Au revers : Travaux pour la réunion des palais pontificaux en 1503.　　　BR. Revers effacé.

144. Page 111. 11. Dia. 30 « IVLIVS.SECVNDVS.PONTIFEX. MAXI. » — R̸ « TVTELA. »

Au droit : Buste à gauche de Jules II, tête nue, vêtu de la chape. — Au revers : Un berger assis sur un rocher, gardant son troupeau.　　　BR.

145. ALIDOSI (Francesco), fait cardinal en 1505 + 15.

A. Page 110. 45. Dia. 60. « FR.ALIDOXIVS.CAR.PAPIEN.BON. ROMANDIOLAE.Q.C.LEGAT.» — R̸ « HIS.AVIBVS.CVRRVQ.CITO.DVCERIS.AD.ASTRA.»

Au droit : Buste à droite de Francesco Alidosi. — Au revers : Jupiter la foudre à la main, dans un char traîné par deux aigles.　　　BR. Belle

146. MONTEFELTRO (Elisabetta GONZAGA, femme de Guidubaldo del), mariée en 1489 + 1528?

A. Page 118. 54. Dia 83. «ELISABET.GONZAGA.FELTRIA.DVCIS. VRBINI. » — ℞ « HOC.FVGIENTI.FORTVNAE.DICATIS. »

Au droit : Buste à droite d'Élisabeth de Gonzague, les cheveux couverts d'une coiffe en forme de calotte se terminant par une longue queue qui tombe sur les épaules. — Au revers : Une femme demi-nue, couchée, regarde la Fortune qui s'échappe sous la forme d'une chevelure dont une partie est restée dans sa main. BR·

147. SAVOIE (Philippe de), comte de Genève, né vers 1490 + 1533.

A. Page 122. 11. Dia. 47. « PHVS.DE.SABAVDIA.COMES.GEBE-NARV. » — Sans ℞.

Buste à gauche de Philippe de Savoie, coiffé d'un bonnet.

Bronze argenté. Belle.

148. FOIX (Marguerite de), deuxième femme de Louis II; mariée en 1492 + 1536.

A. Page 123. 14. Dia. 44. « MARGARITA.DE.FVXO.MAR-CHIONISA.SALVCIAR.T.C.1516. » — ℞ « DEVS.PROTECTOR.ET.REFU-GIUM.MEVM.S.C. »

Au droit : Buste à gauche de Marguerite de Foix en costume de veuve. — Au revers : Un oiseau perché sur un arbre mort, auquel est suspendu un écusson aux armes de Foix et de Saluces. AR. Belle.

149. VENISE (Leonardo LOREDANO, doge de), né en 1438; fait doge en 1501 + 1521.

A. Page 124. 1. Dia. 62. « LEONAR.LAVREDANVS.DVX.VENE-TIAR.ET.C. » — ℞ « AEQVITAS.PRINCIPIS. »

Au droit : Buste à gauche du doge Lorédan, coiffé de la couronne ducale. — Au revers : L'Équité debout, tenant une balance et une haste. BR. Belle.

150. GRIMANI, doge de Venise de 1521 + 1523.

Page 124. 4. Dia. 32. « ANT.GRIMANVS.DVX.VENETIAR. » — ℞ « IVSTITIA.ET.PAX.OSCVLATE.SVNT. »

Au droit : Buste à gauche du doge Antonio Grimani, sans barbe, coiffé de la couronne ducale. — Au revers : La Justice et la Paix se donnant la main.　　　　　　　　　　　　　　　　　　　　　　　BR. Belle.

151. GABRIELLI (Trifone), patricien de Venise, érudit et poète. Il mourut très-âgé en 1549.

A. Page 126. 10. Dia. 45. « TRYPHON.GABRIEL. »—℞ « INNO-CENS.MANIBVS.ET.MVNDO.CORDE. »

Au droit : Buste à gauche de Trifone Gabrielli tête nue, chauve. — Au revers : Une femme se lavant les mains à un filet d'eau qui jaillit d'un rocher.　　　　　　　　　　　　　　　　BR. Très-belle.

180 Rollin

152. BALANZANO (Pietro).

A. Page 128. 3. 60. « PETRO.BALANZANO. » — ℞ « NVLA.EST. REDENCIO. »

Au droit : Buste à gauche de fort relief de Pietro Balanzano, coiffé d'une grande calotte, cheveux longs. — Au revers : Une tête de mort.
　　　　　　　　BR. Magnifique médaille. COLLECTION PIOT.

1600 Rollin

153. CASTELLO (Pietro Antonio del), vivait en 1515.

A. Page 128. 6 Dia. 46. « PETRVS.ANTON.DE.CASTELLO.—1515.» — ℞ « DVM.SPIRITVS.HOS. REGET. ARTVS. — 1515. »

Au droit : Buste à gauche de Pietro Antonio, barbu, coiffé d'un bonnet. — Au revers : Un chien couché auprès d'un arbre auquel il est attaché.
　　　　　　　　　　　　　　　　　　　BR. Revers effacé.

700 Rollin

154. GIRARDI (Pierre), de Rhodez.

A. Page 143. 21. Dia. 57. « PETRVS.GIRARDIS.CIVIS.RVTHE-NESIS. — 1518. » — Sans ℞.

Au droit : Buste à droite de Pierre Girardi, sans barbe, coiffé d'un bonnet.　　　　　　　　　　　　　　　　　　　　BR.

22 Prevost

155. PIO di CARPI (Lionello). Il porte les armes dès 1496, et mourut en 1535.

A. Page 149. 14. Dia. 64. « LEONNELLVS.PIVS.CO.CARPI. » ℞ « MELIVS.PVTATO. »

Au droit : Buste à droite de Lionello, tête nue, cheveux frisés, barbu, vêtu d'une robe. — Au revers : Un rocher frappé par la foudre. Une source jaillit du sommet et se répand au pied.　　　　BR. Belle.

100 Rollin

156. ARÉTIN (Pietro Bacci, dit l'), né en 1492 + 1557.

A. Page 153. 11. Dia. 60. « DIVVS.PETRVS.ARETINVS. » — R)
« VERITAS.ODIVM.PARIT. »

Au droit : Buste à gauche de l'Arétin, tête nue avec une longue barbe,
vêtu d'une robe, décoré d'une chaîne. — Au revers : La Vérité nue,
assise, couronnée par un Génie ailé ; devant elle est la Haine sous la forme
d'un satyre. BR. Belle

**157. HADRIA, fille de l'Arétin, née en 1537. Elle épousa en
1548 Diotisalvi Rota.**

A. Page 154. 13. Dia. 46. « HADRIA.DIVI.PETRI.ARETINI.FILIA.»
— R) « CATERINA.MATER. »

Au droit : Buste à gauche d'Hadria, tête nue, avec chignon formé d'une
natte roulée. — Au revers : Buste à droite de Caterina Sandella, tête nue
avec une natte de cheveux formant couronne. BR. Très belle.

158. MIGNANELLI (Fabio), Siennois, né en 1496 + 1557.

A. Page 155. 18. Dia. 79. « FA.MIGNANELLVS.EPS.LVC.BON.C.
VIC. » — R) « LACHRIMARV.FLVCTVS.ET.AMORIS. »

Au droit : Buste à droite de Fabio Mignanelli avec longue barbe, coiffé
de la barette, vêtu du camail. — Au revers : Le globe du monde sur
les flots attaqué par un serpent. BR. Très belle.

159. SFORZA (Isabella), née en 1503 + 1661.

A. Page 159. 7. Dia. 62. «ISABELLA.SFORTIA.» — R) «VENERI.VIC-
TRICI. »

Au droit : Buste à gauche d'Isabelle Sforce, les cheveux renfermés
dans un réseau formant un fort bourrelet. — Au revers : Femme drapée,
debout, tournée à gauche, tenant d'une main une corne d'abondance, et
de l'autre une pomme. BR.

160. FIRMO (Francesco).

A. Page 177. 2. Dia. 32. « FRANCISCVS.FIRMVS.» — R) « sic.
HOMO.OPERIBVS. »

Au droit : Buste à gauche de Francesco Firmo, tête nue. — Au revers :
Un coffret d'où sort une bague entourée de flammes. BR. Belle.

161. CHARLES-QUINT, empereur 1505 + 1558.

A. Page 180. 2. Dia. 109. « TE DECET O FELIX VLTRA PLVS PERGERE CESAR. — CESAREO PRESENS DECIDET ENSE CAPVT. » — Sans ℞.

Buste de trois quarts à droite de Charles-Quint jeune, barbe naissante, tête nue, cheveux longs tombant sur les sourcils, couvert d'un vêtement à large collet de fourrure. A droite, on voit le profil du sultan Soliman II, coiffé d'un turban; à gauche, un ange vu de face semble adresser à Charles-Quint les paroles qui forment la légende. — Collection J. C. Robinson, à Londres. Belle pièce unique de la collection Montigny.

162. FRANÇOIS Ier, roi de France, 1515 + 1547.

A. Page 187. 5. Dia. 48. « FR. FR. REGI. VICTORI. MAX. AC. VINDICI. OPT. » — ℞ « F. NIBII. NOVAR. CVM. OB. EIVS. PATRIAM. DOMVNQ. SERVAT. »

Au droit : Buste à droite de François Ier, imberbe, cheveux longs, coiffé d'un bonnet orné d'une plume. — Au revers: Diomède nu, assis, tenant le Paladium. BR. Très belle.

163. LORRAINE (Antoine duc de), né en 1489 ; duc de Lorraine en 1508 + 1544 et BOURBON (Renée de), sa femme, mariée en 1515 + 1539.

A. Page 190. 18. Dia. 41. « ANTONIVS. D. G. LOTHOR. ET. BAR. DVX. » — ℞ « RENATA. DE. BORBOIA. LOTHOR. ET. BAR. DVCISSA. »

Au droit: Buste à droite d'Antoine de Lorraine. Il porte une résille surmontée d'un chapeau à larges bords. — Au revers : Buste à gauche de Renée de Bourbon avec coiffe couvrant les joues et tombant en arrière, corsage coupé carrément. AR. Très belle.

164. MONTMORENCY (Anne de), né en 1492 ; fait connétable en 1538 + 1567.

A. Page 190. 20. Dia. 55. « ANNAS. MOMMORANCIVS. MILITIAE GALLICAE. PRAEF. » — ℞ « PROVIDENTIA. DVCIS. FORTISS. AC. FOELICISS. »

Au droit: Buste à gauche d'Anne de Montmorency, tête nue, barbu, cuirassé. — Au revers : Une femme personnifiant la Prévoyance, entre Bellone et Amphitrite. BR.

165. RANGONI (Tommaso), dit Thomas Philologus, mé
decin; professeur à Padoue + très âgé en 1576.

A. Page 196. 19. Dia. 39. «MAG.THOM.PHILOL.RAVEN.PHYS.
EQ.GVARD.D.MARC. — 1560. » — ℞ «A.IOVE.ET.SORORE.GENITA. »

Au droit: Buste à droite de Thomas Philologus, tête nue, longue barbe,
vêtu d'une robe. — Au revers: Un aigle déposant un enfant sur le sein
d'une femme couchée au milieu d'étoiles.   BR.

166. Un autre exemplaire.   BR.

167. DONI (Antonfrancesco), Florentin, né en 1513 + 1574.

A. Page 200. 24. Dia. 70. « ANT.FRAN.DONI.FIOR.A.A.»—
Sans ℞.

Buste à gauche d'Antonfrancesco Doni, tête nue, longue barbe.   Etain.

168. MUSSO (Cornelio), de Plaisance, Franciscain ; fut
évêque de Bitonto en 1644 + 1574.

A. Page 212. 46. Dia. 59. CORNELIVS.MVSSVS EPVS.BITVNT. »
— ℞ « SIC.VIRVS.A.SACRIS. »

Au droit: Buste à gauche de Cornelio Musso, barbu, la tête rasée avec
couronne de cheveux, vêtu du camail. — Au revers: Une licorne plon-
geant sa corne dans un ruisseau.   BR. Très belle.

169. JULES III (Giammaria del MONTE San Savino), né
en 1487, élu pape en 1550 + 1555.

A. Page 215. 9. Dia. 60. « D.IVLIVS.III.REIPVB.CHRISTIANÆ.
REX.AC.PATER. » — ℞ « IMMANE.PONDUS.VIRES.INFRACTÆ. »

Au droit: Buste à droite de Jules III, tête nue, barbu, vêtu de la
chape. — Au revers: Atlas soutenant le globe du monde.   BR.

170. FRANCE (Marguerite de), femme d'Emmanuel-Phi-
libert, née en 1523 ; mariée en 1569 + 1574.

A. Page 223. 9. Dia. 53. « MARGARITA.DE.FRANTIA.D.SABAV-
DIAE. » — Sans ℞.

Au droit: Buste à gauche de Marguerite de France.   Etain.

171. Un autre étain doré.

172. FIAMMA (Gabriele), Vénitien, prédicateur et auteur de plusieurs ouvrages religieux.

A. Page 227. 13. Dia. 82. « MEMINISSE.IVVABIT... »— ℞ « GABRIEL.FLAMMA.VENETVS.......ANNVM.AGIT.LV. »

Au droit : Buste à droite de Gabriel Fiamma, tête nue, le front chauve, barbe courte, vêtu d'une robe ; à droite, une tête de mort. — Au revers : Inscription en vingt-quatre lignes, dont nous reproduisons seulement les premiers et les derniers mots.   BR.

173. NICOLA (Vicentino), auteur d'un traité sur la musique, 1555.

A. Page 229. 24. Dia. 50. « NICOLAS.VICENTINVS. »— ℞ « PERFECTÆ.MVSICÆ.DIVISIONIS Q.INVENTOR. »

Au droit : Buste à gauche de Nicolas Vicentino, tête nue, longue barbe. — Au revers : Un instrument de musique dans le genre d'un orgue à double clavier sur lequel est écrit ARCIORGANVM.   BR. Belle.

174. CAPALLA (Pietro).

Page 230. 5. Dia. 70 .« PIETRO.CAPALLA. » — ℞ « TV.NE. CEDE.MALIS. »

Au droit : Buste à gauche de Pietro Capalla, tête nue, barbu, cuirassé avec écharpe. — Au revers : Hercule combattant l'hydre de Lerne.
                                       BR. Très belle.

175. NIGRI (Federigo).

Page 232. 17. Dia. 62. « PHEDERICVS.DE.NIGRIS. » — ℞ « FLECTOR.AMORE.SVM.QVOQ.AMARA. — 1552. »

Au droit : Buste à droite de Federigo, barbu, coiffé d'un bonnet avec petite plume, vêtu d'une cotte de mailles avec écharpe. — Au revers : Le tronc d'un saule d'où sortent de nombreuses branches.
                                  BR. magnifique médaille.

176. ALLEMAGNE (FERDINAND Ier, empereur d'), né en 1503 ; empereur d'Allemagne en 1556 + 1564.

A. Page 236. 1. Dia. 69. FERDINAND.D.G.RO.HVNGA.BO.REX. C. » — ℞ « IN.SPEM.PRISCI.HONORIS. — DANVBIVS. »

Au droit : Buste à droite de Ferdinand Ier, tête nue, barbu, couvert

d'une riche armure sur laquelle passe la décoration de la Toison d'or.—
Au revers: Un vieillard robuste personnifiant le Danube, nu, assis au
milieu des roseaux et tourné à droite. Sa main gauche tient une rame,
et sa main droite s'appuie sur une urne renversée. BR. Belle.

177. PORTUGAL (Jeanne d'Autriche, femme de Jean,
prince de), fille de Charles-Quint, née en 1535 ; mariée en
1552 + 1573.

A. Page 247. 15. Dia. 63. «IOANNA AVSTR.CAROLI.V.IMP.FILIA »
— ℞ « CONNVBII.FRVCTVS. »

Au droit: Buste de trois quarts à gauche de Jeanne d'Autriche. — Au
revers: Une femme drapée assise, tournée à gauche ; elle tient des épis
à la main. BR. Très belle.

178. BORROMEO (San Carlo), né à Arona en 1538; fait
cardinal et archevêque de Milan en 1560 + 1584.

A. Page 263. 5. Dia. 47. « CAR.BORROMEVS.CARD.ARCHIEP.
MEDI. » — ℞ « SOLA.GAVDET.HVMILITATE.DEVS. »

Au droit: Buste à gauche de saint Charles Borromée, sans barbe, cheveux courts, coiffé de la barrette, vêtu du camail. — Au revers: Un
agneau sur un autel. BR. doré.

179. FONTANA (Domenico), architecte, né dans le terri-
toire de Côme en 1543 + 1607.

A. Page 263. 6. Dia 39. « DOMINIC.FONTANA. CIV.RO.COM.PA-
LAT.ET.EQ.AVR. » — ℞ « IVSSV.XYSTI.QUINT.PONT.OPT.MAX.EX.
NER.CIR.TRANSTVLIT . ET. EREXIT. — 1586. »

Au droit : Buste à droite de Domenico Fontana. — Au revers : Un
obélisque debout. BR. Belle.

180. TRIVULZIO (Gianfrancesco), petit-fils de Giangia-
como, + 1573.

A. Page 302. N° 13 bis. Dia. 60. «IO.FRAN.TRI.MAR.VIG.CO.
MVSO.AC.VAL.REN.ET.STOSA.D. » — ℞ « FVI.SVM.ET.ERO. »

Au droit: Buste à droite de Jean-François Trivulce, tête nue, barbu,
cuirassé. — Au revers : La Fortune nue, debout au milieu de la mer,

accompagné de dauphins et de tritons. En haut, deux Zéphirs, soufflant.
BR. Très belle.

181. MALATESTA (Sigismondo Pandolfo), 1432 1468 et ISOTTA (Atti de Rimini), 1456 + 1470.

SIGISMONDVS . PANDVLFVS . DE . MALATESTIS . S . RO . ECCESIE . CAPI-TANEVS . G . — ℞ « ISOTE . ARIMINENSI . FORMA . ET . VIRTVTE . ITALIE . DECORI (1447, en creux). »

Au droit : Buste à gauche de Sigismond Pandolpho, tête nue. — Au revers : Buste à droite d'Isotte, la tête couverte d'un voile, pièce intéressante composée des nos 7 et 29 d'Armand (Pisanello) BR. Belle. 84 mill.

182. NICHOLAS III (d'Este), seigneur de Ferrare, 1384 + 1431.

Au droit : Buste à droite, sans légende. — Au revers : sous une couronne les lettres N. M. F. (Pisanello A. no 30). BR. Belle. 54. mill.

183. ANONYME.

Buste à gauche, tête nue. — R. cavalier tuant une chimère. Cette pièce est décrite dans le catalogue de l'exposition de Glasgow. Comme représentant le « duc Frederig d'Urbino ». Cette pièce inédite d'une grand intérêt et d'un bel art n'a jamais été achevée. (Voir A. page 36, no 29.)
Bronze. 92 mill.

184. JEAN (Cardinal de Médicis), plus tard Léon X.

IOANNES . S MARIE . INDOMNICA . DIACONI . CAR . DE . MEDICIS. — ℞ « FIDES . CHARITAS . SPES. »

Au droit : Buste du cardinal à droite. Au revers : Femme drapée, debout la tête levée vers le ciel, tenant dans sa main gauche un calice et posant la droite sur la tête d'un enfant. Bronze. 85 mill.

185. BONSI (Francesco de)

FRANCISCVS . DE . BONNSIS . DE . FO . — ℞ « MCCCCLXXXIIII. »

Au droit : Buste jeune à gauche, cheveux longs, coiffé d'une calotte. — Au revers : F. de Bonnsis portant les attributs d'Hercule et un écusson orné d'armoiries. A., page 49, no 7. Bronze. Belle. 46 mill.

186. CATHERINE DE GONZAGUE.

CATHERINA.COMITISSA.GONZAGA.

Au droit : Buste de trois quarts d'une jeune femme avec une ferronnière sur le front. Sans revers.   Bronze. 57 mill.

187. LEONARD LOREDAN, doge de Venise, 1501 + 1521. « LEONARDVS.LAVREDANVS.DVX.VENETIAR. » — R). «LAVRE-DATO.VT.SOLLIA.ESVENETIS.NOVA.SERTA.TRIVMPHIS. »

Au droit : Buste de Loredan à gauche avec le bonnet des doges. Au revers : Laurier au mileu d'un monceau d'armes.   Bronze 33 mill.

188. SCANDERBERG GEORGE CASTNOT, roi d'Albanie, mort en 1467.

Au droit : «GEO...VS.CASTRIOTA.SCAN...BEGVS.»— R) «FIDEI. DEFENSOR. INDO...ITVS.ET.HRACVML...MITORIN.DOM.ABILIS. »

Buste du roi à gauche avec longue barbe et coiffé d'un mortier. Au revers : huit lignes dans une couronne de chêne.   Bronze 48 mill.
Malheureusement cette pièce intéressante n'est pas bien venue à la fonte ce qui a laissé deux profondes échancrures de chaque côté de la tête.

189. MARGUERITE DE SALUCES, mariée en 1562 au marquis de Bellegarde. MARG.DE.SALVSE.MAR.D.BE

Au droit : Buste de Marguerite de Saluces à gauche. Sans revers.
Bronze. 34 mill.

LEONE LODOVICO

MÉDAILLEUR PADOUAN 1531 + 1606.

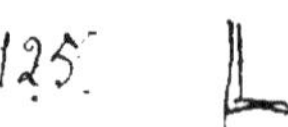

190. BENAVIDES (Marco Mantova), jurisconsul padouan, 1489 + 1582.

Au droit : « M.MANT.BENAVIDIVS.PATAVIN.I.C.COMES.EI.EQ.»
— Sans R).

Buste âgé de Benavidius, le front chauve à gauche. Sous le buste LVD. LEO.   Etain. 61 mill.

BOMBARDA

Il travaillait en 1560.

191. HIPPOLYTE CHIZZOLA, prédicateur padouan, + 1560. D.HIPPOLYTVS.CHIZZOLA.BOMB. Sans ℞.

Au droit : Buste à gauche, tête nue.   Etain. 64 mill.

192. GUI PANCIROLI, célèbre légiste de Pavia. 1523 + 1599.

GVIDVS.PANCIROLVS.REGIEN.IVR.C.AN.ÆT.XL. Sans revers.

Au droit : Buste drapé à droite, tête nue ; sous l'épaule A. A. (Abondio?)   Ovale. Etain. 75 — 60 mill.

ANTEO F

193. SARD (SCIPION DE).

SCIPIO DE SARD. — ℞ « VIRTVTE.NON.FATIS.

Au droit : Buste à gauche à demi nu et légèrement barbu. Sous l'épaule ANTEO. Au revers : Main armée d'une lance sortant des nuages et tuant l'hydre de Lerne.   Bronze. Très belle. 49 mill.

194. BARDOLOMEO ALVIAN, célèbre général vénitien + 1515. BARTOLMEVS.DE.LIVIANO.CAP.GENERAL.DO.VEN.

Au droit : Buste en armure à gauche. Sans revers. A., page 117, n° 46.   Etain. 68 mill.

195. PAUL III, 1534 + 1550.

PAVLVS.III.PONT.MAX.MDXXXVII.AN.III.— Sans ℞.

Au droit : Buste du Pape à gauche.   Bronze. Dia. 50 mill.

POGGINI (DOMENICO), graveur florentin, 1510+1586.
196. SIXTE V, pape, 1585 + 1590

SIXTVS.V. PONT. MAX : ANN. III. — ℞. « EXALTAVIT . HVMILES. »

Au droit : Buste du pape la tête nue à droite. Les statues de sain Pierre et de saint Paul. 1587. Bronze. Belle. Dia. 34 mill

197. CHARLES-QUINT ET PHILIPPE II. IMP.CAR.V.ET. PHI.PRINC.ISP. — ℞. PLVS OVLTRE.

Au droit : Buste accolé en armure de Charles-Quint et Philippe II. Les colonnes d'Hercule entourées du collier de la toison d'or. A., page 182, n° 12. Bronze. Très belle. Dia. 40.

198. MAXIMILIEN II, empereur d'Allemagne, 1527 + 1576. MAXIMILI.II.ROM.IMP.SEMP.AVGV.

Au droit : Buste à droite en armure la tête nue, avec bordure ornementée. Sous le buste les deux lettres A. A. (Abondio ?) Sans revers. Etain. 38 mill.

199. MAXIMIL.II.ROM.IMP. SEMP.AVGVS. — ℞ « DOMINVS . PROVIDEBIT. »

Buste à droite, tête nue. Aigle tenant un globe. (Abondio ?) Etain. 54.

200. BENEDETTO PISARO, d'une famille vénitienne. — ℞ « BENED.PISAVRVS.PRÆFECTVS. VERONIÆ. M. D.LVI, en cinq lignes. » Au droit : buste à gauche, sans légende.

Bronze. Dia. 44.

ÉLÉONORE D'ARAGON

201. Plaquette rectangulaire à pans coupés, représentant le buste d'une très jeune femme, la robe tout ornée de broderies, elle porte le collier de la toison d'or et sa coiffure est formée de deux plaques d'étoffe qui cache le derrière de la tête. (Extrait de la médaille de SPERANDIO.) A. Sperandio, 68.

Bronze. Très belle. Dia. 83 — 46 mill.

202. Tête de moine encapuchonnée, sans légende. ℞ «Deux mains jointes, sans légende. »

Bronze. Belle. Dia. 30 mill.

203. Grande médaille représentant une jeune femme vue à mi-corps, la tête coiffée d'une résille, dans le champ les deux initiales M. G. Sans ℞.

A. page 179, n° 14.   Bronze Belle. Dia. 83.

204. Médaille représentant une jeune femme vue à mi-corps, dans un encadrement, portant la marque du médailleur à l'S.

Etain. Dia. 68.

205. ANONYME. Buste à gauche, coiffé d'un bonnet qui recouvre un béret. Sans légende et sans revers.

Bronze. Belle. Dia. 70.

206. DI.LA.BEL.VISO EQVIIL.TVO.SERVOMIRA. Sans revers.

Buste à gauche d'un homme jeune, coiffé d'un bonnet.
Belle. Dia. 82

ARISTOTE

207. ΑΡΙΣΤΟΤΕΛΗΣ. Ο. ΑΡΙΣΤΟΣ ΤΩΝ ΦΙΛΟΣΟΦΩΝ. Buste d'Aristote à droite, avec grande barbe. ℞.«Pégase. Sans légende. »

Bronze. Dia. 5o.

XVIIᴱ ET XVIIIᴱ SIÈCLES

208. URBAIN VIII. 1623 + 1644. VRBANVS.VIII., etc. Buste
à droite dans une couronne. ℞. « FERRI., etc. Personnages travaillant aux mines de fer. »

Bronze. Dia. 45.

209. ALEXANDRE VII. 1655 + 1667. ALEXANDER.VII., etc.
Buste à gauche. ℞. « MUNIFICO.PRINCIPI., etc. Le lion
d'Androclès. »

Bronze. Dia. 94.

210. CLEMENT X. 1670 + 1676. CLEMENS.X., etc. Buste à
droite. ℞. « PLENA., etc. Cinq personnages nimbés adorant le Saint-Esprit. »

Bronze. Dia. 30.

211. ALEXANDRE VIII. 1689 + 1691. Médaille de bois
sans revers.

Dia. 42.

212. INNOCENT XII. 1691 + 1700. INNOCEN XII., etc. Buste
à droite. ℞. « SINVM SVVM., etc. Le pélican nourrissant
ses petits. »

Bronze doré. Dia. 87.

213. Même légende, buste à droite. ℞. « Le Pape ouvrant la
porte sainte du jubilé de 1700. »

Bronze doré. Dia. 40.

214. CLÉMENT XI. 1700 + 1721. CLEMENS XI.PONTMAXAN.
VII. Buste du Pape à droite avec la tiare. IN HONOREM.
S.CRESCENTINI.MARTYRIS. Autel sur lequel on remarque
les statues de saint Pierre et saint Paul.

Bronze. Dia. 130.

215. Même médaille sans revers.

Dia. 130.

216. CARDINAL ALBIZZI. FRAN. TIT., etc. Buste à gauche.
R̟. HIC.TRES.ILLA.DEVS. Hercule domptant Cerbère.

Bronze. Dia. 70.

217. P. S. ARRIGHI. P.M.PAVLVS., etc. Buste à droite
R̟. « Alambic. »

Bronze. Dia. 89.

218. CATHERINA BASSI. LAVRA. MAR. CATH. BASSI., etc.,
Buste à gauche. R̟. « SOLI.CVI., etc. Minerve éclairant
la science.

Bronze. Dia. 70.

219. M. BISCONIO. ANT.M.BISCONIVS., etc. Buste à droite
dans une couronne. R̟. « Hercule au jardin des
Hespérides ».

Bronze. Dia 80.

220. J. B. CARDINAL DETI? IO.BAP.S.MARIAE.IN.COSM.S.
R.E.DIAC.CARD.DETVS. Buste à droite. R̟. « VALIDIOR SI.
TARDIOR. Le soleil éclairant la terre. »

Bronze. Dia 55.

221. LOUIS CARDINAL LUDOVISI. Médaille pour la
canonisation de saint Ignace de Loyola.

Bronze. Dia. 65. 2 pièces.

222. J. RAYNALDI, architecte romain. HIER.RAYNALDVS.ROM.
POP.ROM.ARCHITECT. Buste à gauche. R̟. « COL.IVL.FA-
NESTRIS., etc. Le port et la citadelle de fenestre.»

Bronze. Belle. Dia. 59.

223. JEAN ANT. TORNAQUINCI. ABB.IO.ANT.TORNA-
QUINCI. Buste à droite. R̟. « Tornaquinci couronnant
une muse. »

Bronze. Dia. 90.

224. FRANÇOIS I, duc de Parme. FRANC.I PAR TE PLAC.DVX.
Buste à droite. R̟. « IVNGVNTVR., etc. La Justice et la
Loi.

Bronze. Dia. 51.

225. PHILIPPE III, roi d'Espagne, et sa femme Marguerite. PHILIPPVS.III., etc. Buste de face. R̟. « MARGARI-
THA., etc. Buste de face. »

Bronze. Belle. Dia. 40.

226. CHARLES II et PHILIPPE V, 2 pièces bronze doré.

227. CHRISTINE DE SUÈDE. ULRIC ÉLÉONORE.

Bronze. 4 pièces.

228. GUILLAUME III, prince d'Orange. WILHELMVS, etc. Buste jeune à droite. ℞. « PACIENTIA., etc. La Patience assise. »

Bronze. Dia. 45.

229. VENDRAMINI. CAR.VENDRAMENVS.PATR.VENET.FRANC. S.R.E. Buste de face. ℞. « IN.FIDE.JVSTITIA.ET.FORTITV-DINE. Un lion tenant un poignard et une croix.

Bronze. Dia. 40.

MONNAIES

230. LUDOVIC LE MAURE, duc de Milan. LVDOVICVS.M. SF.ANGLVS.DVX.MILI. Buste à droite. ℞. « PP.ANCLEQS. CO.IANVE.D. » Saint Amboise à cheval.

OR.

231. Même légende, même buste. ℞. Même légende. Ecus-son.

AR.

MÉDAILLES FRANÇAISES

MÉDAILLES FRANÇAISES

232. LOUIS XII. 1497 + 1515 et ANNE DE BRETAGNE, né en 1476 + 1514. FELICE.LVDOVICO.REGNANTE.DVO-DECIMO.CESARE.ALTERO.GAVDET.OMNIS.NACIO. Dans un champ orné de fleurs de lis ; le buste du roi à droite, coiffé d'un mortier, orné d'une couronne de lis, et portant le collier de saint Michel ; à l'exergue, un lion. ℞. « LVGDVN.RE.PVBLICA.GAVDETE BIS.ANNA.RE-GNANTE.BENIGNE.SIC.FVI.CONFLATA. 1499. Buste à gauche d'Anne de Bretagne, coiffée d'un voile sur lequel est posée une couronne royale. Champ semé de fleurs de lis, à gauche ; d'hermine, à droite ; exergue, un lion. (Tr. fr., 1re partie, PL. v. no I.) (1)

Bronze. Très belle. Dia 115.

233. FRANCOIS Ier, roi de France. 1515 + 1547. FRANCISCVS. I.FRANCORVM.REX. Buste du roi, vu de trois quarts coiffé d'un chapeau à plumes. ℞. « DISCVTIT.HAC.FLAMA. FRACISC.ROBORE.METIS.ONIA.P.U.IC.ET.RERV.IMMARSA-BILIS.VDE. La Salamandre dans une couronne. Glyptiq. pl. 9, no 5.

Bronze. Dia. 41.

234. HENRI IV, roi de France. 1589 + 1610. HENRICVS.IIII. D.G.FRANC.ET.NAVAR.REX.1604. Buste du roi à dr. lauré et cuirassé. ℞. MAIESTAS.MAIOR AB.IGNIS. 1604. Le roi et la reine assis devant un autel se donnant la main, 56 mil. Glyptique, Dupré, pl. 2, no 3.

Argent doré, très belle.

235. HENRI IV et MARIE DE MÉDICIS. 1576 + 1642. HENR.IIII.R.CHRIST.MARIA.AVGVSTA. Bustés superposés de

1. Lenormant, Chabouillet, etc., *Trésor de numismatique et de glyptique.*

Henri IV et de Marie de Médicis, tournés à droite;
exergue : G.DVPRE.F. ℞. « PROPAGO.IMPERII.» Henri IV
debout, en costume de guerrier antique, donnant la
main à Marie de Médicis; entre eux, Louis XIII, enfant posant le pied sur un dauphin. Tr. Dupré,
pl. 3, n° 4.

Argent. Br. Dia. 67 mill.

236. MARIE DE MÉDICIS. 1573 + 1642, femme de
Henri IV. MARIA.AVG.GALLIÆ.ET.NAVARÆ.REGINA. Buste
à droite, au-dessous : G.DVPRÉ. 1613. ℞. « SERVANDO.
DEA.FACTA.DEOS. » Vaisseau avec Cybèle au gouvernail.
Trésor de num., Dupré, pl. 5, n° 4.

Bronze. Belle.62 mill.

237. MARIA.AVG.GALL.ET.NAVAR.REGIN. Buste à droite, avec
un petit chapeau et une très grande collerette. ℞. LÆTA.
DEUM.PARTU. La reine entourée des divinités de l'O-
lympe. Dupré, 1624. Glypt., pl. 5, n° 6.

Bronze. Belle. Dia. 55 mill

238. LOUIS XIII et MARIE DE MÉDICIS, sa mère, née
en 1573 + 1642. LVDOVIC.XIII.R.CHRISTI.MARIA.MEDI-
CEA.AVGUSTA. Bustes accolés du roi et de sa mère. ℞.
« ORIENS.AVGVSTI.TVTRICE.MINERVA. La reine assise à
gauche, tenant un foudre et une branche d'olivier;
devant elle, le jeune roi sous les traits d'Apollon tenant un globe. (G. Dupré f.) 1611. »

Glypt., pl. 5, n° 1. Bronze. Belle. Dia., 48 mill.

239. LOUIS XIII, roi de France, 1610 + 1643. LVDOVICVS.
XIII.D.G.FRANCORVM.ET.NAVARÆ.REX. Buste à droite
couronné, avec une grande collerette. OB.AQVAS.DEDVC-
TAS. 1624. ℞. « ABSQVE.TVIS.STARET.INANIS.AQVIS. Vaisseau voguant en pleine mer. »

Bronze. Belle. Dia. 58.

240. — Même pièce, belle, avec bélière.

Bronze. Dia. 58

241. LVDOVICVS.XIII. D.G.FRANCOR.ET.NAVARÆ.REX. Buste du roi la tête nue à droite. (G. Dupré.) ℞. « QVE.PREMAT. QVE.VT.GENTES.TOLLAT. La Justice assise. 1621.

Bronze. Dia. 60.

242. ANNE d'AUTRICHE, reine de France. 1515 + 1666. ANNA.D.G.FR.ET.NAV.REG. Buste à droite en costume de veuve. ℞. « ERRANTES.STATIONE.BEAT. 1643. Une ancre dans un paysage.

Glyp., Warin. pl. XXIII. no 6. Argent. Très belle. 59 mill.

243. LOUIS XIV, enfant et ANNE D'AUTRICHE. ANNA. D.G.FR.ET.NAV.REG.RE.MATER.LVD.XIV.D.G.FRANCIÆ. ET.NAV.REG.CHR. Buste en regard d'Anne d'Autriche et du jeune roi. ℞. « OB.GRATIAM.DIV.DESIDERATI.REGII. ET.SECVNDE.PARTVS. Façade du Val-de-Grâce. QVINTO. CAL.SEPT. 1638. (WARIN).

Gl. Pl. 22. n. 2. Br. 94 mill. Belle.

244. LVDOVICVS.XIV.R.CHRISTI.ANNA.AVSTRIACA.AVGVSTA. Bustes acolés du roi et de sa mère. DUPRÉ F. 1643. ℞. « HÆC. SOLEM PRÆVIA.DVCIT. Le roi dirigeant le char du Soleil.

Gl. Pl. 7. No 5. Br. 50 mill. Belle.

245. LOUIS XIV, roi de France 1643 + 1715. LVDOVICVS. MAGNVS.FRAN.ET.NAV.REX.PP. Buste à droite couronné avec une grande perruque. ℞.« FELICITAS.PVBLICA. La ville de Paris assise appuyée sur son écusson et tenant une corne d'abondance à l'exergue. LVTETIA.

Bronze. Belle. 82. mill.

246. LVD.XIV.D.G.FR.ET.NAV.REX. Buste jeune lauré à droite. ℞. « HVISSIER.ORDINAIRE.DU ROY.ET DE.SON.GRAND.CON-SEIL. L'écu de France couronné entre deux sceptres et mains de justice.

Bronze doré. Belle. 52 mill.

247. CHARLES, duc d'Aquitaine, frère de Louis XI. DEVS. KAROLVS.MAXIMVS.AQVITANORVM.FILIVS. Le duc à cheval à droite comme sur la monnaie dite franc à cheval. ℞. « DEVS.IVDICIVM.TVVM.REGI.DAT.ET.IVSTICIAM.TVAM

FILIO.REGIS. Le duc assis sous un dais gothique entre deux anges.

Bronze. Belle. 63 mill.

248. NICOLAS DE BAILLEUL, surintendant des finances. mort en 1652. NICO.DE.BAILLEVL.PROPRAET.VRB.ET. PRAEF.AEDIL.CVRANTE. 1623. Tête à dr. ℞. « Nymphe couchée près d'une source. AETENROS.PRAEBET LVTETIA. FONTES. (Dupré.) 1623.

Gl. Pl. 18, n° 4. Br. 5o mill. Belle.

249. M. BARBERINI, cardinal, mort en 1644. MAPH.S.R. L.D.CAR.BARBERIN.SIG.JVST.PRAEF.BONO.LEG. Buste à dr. du cardinal, depuis Urbain VIII. G.DUPRÉ F.1612. ℞. « Lisse. »

Gl. Pl. 19, No 4. Br. 9o m. Très belle.

25o. FRANÇOIS DE BASSOMPIERRE, maréchal de France, né en 1579 + 1646. FR.A.BASSOMPIERRE.FRANC. POLEM.GLIS,HELV.PRAEF. Tête à dr. ℞. « QVOD.NEQVE-VNT.TOT.SIDERA.PRAESTAT.(DUPRÉ). 1633. Un phare éclairant plusieurs vaisseaux.

Gl. Pl. 14. No 4. Br. 54 m. Belle.

251. POMPONE DE BELIEVRE, Chancelier de France, 1529 + 1607. POMPONIVS.DE.BELIEVRE.FRANCIÆ.CAN-CEL.ÆT.71 (N.G.I.F. 1601). Buste à g. ℞. « COLIT. HANC.RIGIDE.MODERATVR.ET.ISTAM.PIE.ÆQ.PVB. L'E-quité et la Piété devant un autel.

Gl. Pl. 53. No 4. Br. 57 m. Belle.

252. JACQUES BOICEAU de la Baroderie, surintendant des jardins royaux. JACQVES.BOICEAV. Sʳ.DE.LA.BARRAV. DERIE.AB.DVPRÉ.F. 1624. Buste à dr. ℞. « Chenilles et papillons.NATVS.HVMI.POST.OPVS.ASTRA.PETO.

Gl. Pl. 18, No 5 Br. 70 m. Belle

253. NICOLAS BRULART, DE SILLERY, chancelier de France 1544 + 1624. NI.BRVLARTVS.A.SILLERY.FRAN. ET.NAVAR.CANCEL. Buste à dr. G.DUPRÉ, F. 1613. ℞. « LABOR.ACTVS.IN.ORBEM. » Le char d'Apollon.

Gl. pl. 14, n° 1. Br. 71. mill. Belle.

254. ANTOINE RUZÉ, marquis d'Effiat 1581 + 1632. A.
RUZÉ . M . DEFFIAT . ET . D . LONGJUMEAU . SUR . DES . FINANCES.
Buste à droite, avec une cuirasse très ornée. ℞. « QUID-
QUID . JVSSVM . EST . LEVE . EST. Hercule et Atlas supportant
le globe du monde (Dupré). 1629.

      Glypt., 14. n° 2. Bronze B. Diam., 67 mill.

255. LA VALETTE D'EPERNON, gouverneur de la Pro-
vence, colonel général de l'infanterie 1554 + 1642. J.L.
A . VALETTA . D . ESPERN . P . ET . TOT . GAL . PEDIT . PRAEF. Buste
à dr. (G. DUPRÉ, 1607). ℞. INTACTVS . VTRINQVE. Lion
entre une furie et un renard.

      Glypt., Pl. XV, N° 2. Br. 56 mill. Belle.

256. Un autre exemplaire semblable.

      Belle.

257. HENRI DE LORRAINE COMTE D'HARCOURT.
  1600 + 1666 HENRI . DE . LORRAINE . COM . DE . HARCOURT
GRAND . ESCVIER . DE . FR. Buste à droite la tête nue, revêtu
d'une armure. ℞ FIDELIS ET AVDAX. Un chien attaché à
un arbre.

      Glypt., pl. LXVIII, n° 1. Arg. Très belle. 49 mill.

258. L. HEROARD, médecin du roi, 1628. L . HEROARD.
SEIGNEVR DE VAVGRIGNEUX. PREMIER MEDECIN DV ROI.
Buste de face. ℞. IOVE DIGNVS APOLLINIS ARTE. Ecusson,
OB . XI . FEB. Br. 42 m. VARIN . PL . XIX. N° 5.

      Belle.

259. CHARLES DE L'AUBESPINE GARDE DES
SCEAUX 1580 + 1663. CAROLVS DE LAVBESPINE. CVST.
SIGILLI . GALLIÆ MARC DE CHATEAVNEUF 1653. Buste âgé à
gauche. ℞. HOC MOVIMENTVM . . DABIT NOMEN . ÆTERNVM.
La justice assise sur un trône entourée de ses attributs.

      Clyp. Pl. LXV, N° 1. Bronze belle. 92 mill.

260. MADELEINE D'AUTRICHE, DUCHESSE D'É-
TRURIE, morte en 1636. MARIA . MAGD . ARCHID . AVSTR .
MAG . DVX . ETR. Buste à gauche avec un voile de veuve.
℞. AETHERA. Oiseau de paradis.

      Argent. Belle. 44 mill.

261. M. A. MEMMO, doge de Venise, mort en 1615.
MARCVS. ANTONIVS. MEMMO. DVX. VENRETIARVM. Buste âgé
avec une longue barbe à droite, coiffé du bonnet des
Doges, sous le buste. DVPRE. 1612. Sans ℞.

> Glypt., Dupré. pl. XI. n° 3. Etain. 90 mill.

262. CHARLES de NEUVILLE? TERRENAM. DOMVM. STRVI-
MVS. VT. COELESTEM. HABEAMVS. Buste vu de trois quarts,
tête nu, en armure, portant la croix de Malte. HOMO.
NATVS. ESTINEAETIPSE. FVNDAVIT. EAMALTISSIMVS. L'As-
somption.

> Bronze. Très belle pièce. 59 mill.

263. MICHEL de l'HOSPITAL. 1305 + 1573. M. OSP. FRAN.
CANCEL. Buste drapé à gauche avec une longue barbe.
℞. IMPAVIDVM. FERIENT. RVINAE. Tour battue par les flots et
frappée par la foudre.

> Glypt., pl. XLVII. n° 3. Bronze. Belle. 37 mill.

264. GUI POTHIER, chancelier de France. GVIDO. POTE-
RIVS. REGVM. FRANC. ET. POLON. CONS. ET. MED. Buste à
droite, sous le buste. ROMAE. MDCLXV. ℞. A. NVMINE. VIRTVS.
Flambeau et massue entourés dans un cercle formé
par un serpent.

> Bronze. Belle. 41 mill.

265. RICHELIEU, cardinal, 1585 + 1642. ARMAND. IOAN
CARD. DVX. DE. RICHELIEV. Buste à droite. Sans ℞.

> Glypt., Dupré. pl. XIII. n° 1. 33 mill.

266. ARMANVS. IOAN. CARD. DE. RICHELIEV. Buste à droite. I. WARIN.
℞. MENS. SIDERA. VOLVIT. Le globe terreste au milieu du
firmament 1631.

> Glypt., Warin. pl. XXVIII. n° 1. 52 mill.

267. PIERRE SEGUIER, grand chancelier 1588 + 1672.
PETRVS. SEGVIER. EQVS. FRANCICA. NOMOPHYLAX. Buste à
droite. ℞. CONVENIVNT. CERTANT. QVE. SIMVL. La Piété et
la Justice. DVPRÉ.

> Gl., pl. XII. n° 4. Br. 74 mill.

268. TALON (Omer), avocat général 1538 + 1618 et
CHOART (Suzanne), sa femme. AVDOMARVS. TALEVS. IN

SVPR.PAR.CVRIA.PATR. Buste tête nue; dessous *æt* 51. ℞.
SVSANNA.CHOART.AVDOMARI.TALEI. Buste à gauche, dessous : CIƆIƆ XXVI.

> Glypt., pl. 64, nᵒ 4. Bronze. Belle. Diam., 45 mill.

269. CHARLES de VALOIS, fils de Charles IX et de Marie
Touchet, né en 1573 + 1650. Buste à droite. CARO.B.
VALESIVS.CAROLI.NONI.FILIVS. ℞. Phénix. RARA.CINERE.
RARVS (DUPRÉ).

> Gl., pl. VIII, nᵒ 3. Belle. 45 mill.

270. LUCAS, abbé de Saint-Bavon. LVCAS.M.ABBAS.BAVONIS.
GANDENSIS.AET. 66. Buste à dr. 1559. Sans revers.

> Br. 68 mill.

271. PAUL PFINTZING, 1556. PAV.PFINTZING.CARO.V.IMP.
Z.PHIL.HISP.REG.CONS.Z.SAC. Buste à dr. couvert d'une
cuirasse damasquinée, sur l'épaule une écharpe. Dans le
champ, ÆT. XXXIII. ℞. PATRIAE.ET.AMICIS. Curtius se
précipitant dans le gouffre.

> Argent magnifique, méd. 56 mill.

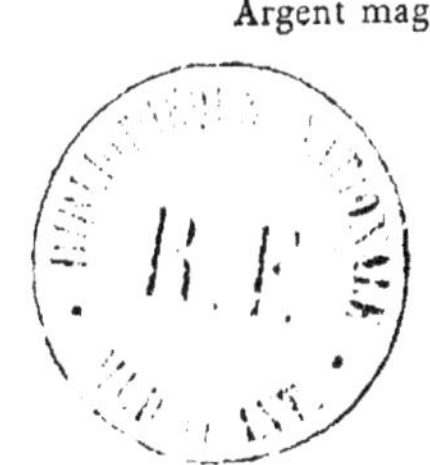

EXPLICATION DES PLANCHES

N. B. — Sur ces planches le diamètre des pièces est réduit de moitié.

Paris. — ALCAN-LÉVY, Imprimeur breveté, 18, passage des Deux-Sœurs.

Grandeur réduite moitié du diamètre

Heliog. Dujardin

Imp. Dudes

Grandeur réduite moitié du diamètre

Grandeur réduite moitié du diamètre

Grandeur réduite moitié du diamètre